Durante siglos, las religiones organizadas han perpetuado mentiras acerca de las prácticas antiguas de la brujería. Hoy en día, muchos continúan creyendo que "los brujos y brujas" adoran a Satanás, realizan sacrificios humanos, participan en orgías sexuales y consumen drogas.

En *¿Qué es la Wicca?*, Scott Cunningham pone de manifiesto todas estas concepciones equivocadas para demostrar que las brujas y los brujos son personas de todas las condiciones culturales y religiosas. Por el contrario, se ha establecido que la Wicca (brujería) es la única religión que fomenta el amor por la tierra y le rinde culto al aspecto femenino de lo divino: la diosa —un elemento perdido en la mayoría de las religiones—.

En esta obra el autor ofrece explicaciones sencillas y claras acerca de las prácticas mágicas. La magia no tiene nada de perverso ni de destructivo —los brujos y los magos, a través de rituales eternos, sólo recurren a las energías naturales que se encuentran dentro de la tierra y de nuestros propios cuerpos, con el fin de generar un cambio positivo que reafirme el sentido de la vida—.

Entonces, aquí tiene una excelente visión de una de las más fascinantes áreas del conocimiento de todos los tiempos —algo que sinceramente dice la verdad acerca de la brujería (y de la magia popular) hoy en día—.

EL AUTOR

Scott Cunningham fue un verdadero pionero espiritual cuyo trabajo se convirtió en la fundación para el crecimiento de la moderna religión llamada *Wicca*. Scott también abrió los caminos para un nuevo entendimiento de la magia elemental y natural a través de las hierbas y las piedras por lo que fue altamente reconocido. Después de una larga enfermedad, Scott murió en marzo 28 de 1993.

CORRESPONDENCIA A LA EDITORIAL

Si desea más información sobre esta lectura, envíe su correspondencia a Llewellyn Español. La editorial agradece su interés y comentarios de este libro.

Favor escribir a:

Llewellyn Español
P.O. Box 64383, Dept. 1-56718-157-0
St. Paul, MN 55164-0383, U.S.A.

Incluya un sobre estampillado con su dirección y $US1.00 para cubrir costos de correo. Fuera de los Estados Unidos incluya el cupón de correo internacional.

¿Qué es la Wicca?

Brujería de hoy

Scott Cunningham

Traducido al idioma español por:
Edgar Rojas y Dudley Charry

2001
Llewellyn Español
St. Paul, Minnesota 55164-0383, U.S.A.

Edición y coordinación general: Edgar Rojas
Traducción al Español por: Edgar Rojas y Dudley Charry
Diseño del interior y diagramación: Gustavo Duarte
Diseño de la portada: Zulma Dávila
Fotografía de la portada: www.comstock.com

PRIMERA EDICIÓN
Primera impresión, 2001

Biblioteca del Congreso. Información sobre esta publicación. Pendiente.
Library of Congress Cataloging-in-Publication Data. Pending.

ISBN 1-56718-157-0

La Editorial Llewellyn no participa, endosa o tiene alguna responsabilidad o autoridad concerniente a los negocios y transacciones entre los autores y el público. Las cartas enviadas al autor serán remitidas a su destinatario, pero la editorial no dará a conocer su dirección o número de teléfono, a menos que el autor lo especifique.

Llewellyn Español
Una división de Llewellyn Worldwide, Ltd.
P.O. Box 64383, Dept. 1-56718-157-0
St. Paul, Minnesota 55164-0383

www.llewellynespanol.com

La información relacionada al Internet es vigente en el momento de ésta publicación. La casa editorial no garantiza que dicha información permanezca válida en el futuro. Por favor diríjase a la página de Internet de Llewellyn para establecer enlaces con páginas de autores y otras fuentes de información.

Impreso en los Estados Unidos de América

Contenido

Primera Parte: Magia popular

Segunda Parte: Wicca

Contenido

Tercera Parte: Resumen

NOTA PRELIMINAR

*L*as palabras tienen poder. Las palabras impresas, de hecho, pueden despertar las más poderosas emociones. Pueden excitar el gozo, la pasión, la paz o la ira, al interior de las personas que las lean.

Para muchas personas, la ignorancia es maravillosa. La más mínima exposición de información contraria a sus creencias personales es escuchada como si fuera un grito de guerra. La censura y la quema de libros son sus armas. Las muertes de estas batallas son las de la mente, de la libertad, del pensamiento y de la expresión —especialmente la de la libertad religiosa—.

El libro que usted está a punto de leer, probablemente va a ser tildado por algunos como un arma contra la razón, un retroceso intelectual, o una audiencia con —como dirían ellos— el diablo. No se trata de nada de eso.

Por el contrario, este libro es una introducción a la brujería, quizás, la práctica menos comprendida de nuestra época. La brujería no consiste en una caldera de sacrificios humanos, drogas, orgías ni, mucho menos, adoración al diablo. Es más, tampoco describe un mundo sobrenatural lleno de intempestivos pactos con los demonios.

Nota preliminar

Poco a poco descubrirá que la brujería es una forma de vida para cientos de miles —tal vez millones— de adultos honestos, quienes simplemente comparten una visión diferente de la naturaleza. La brujería es tanto una religión como una forma de magia.

La brujería no tiene nada de anticristiano ni de antireligioso. En sus formas más antiguas precede a todas las religiones actuales. Durante siglos ha sido el chivo expiatorio de las religiones dominantes en el mundo occidental, como una respuesta conveniente para los males del ser humano.

Este libro es un intento por corregir siglos enteros de propaganda engañosa, calumniosa y perversa. También constituye un intento por crear, en la mentalidad popular, una imagen de la brujería basada en la verdad.

No se trata de hacer proselitismo, puesto que la brujería no se ajusta al gusto de todos. No es un "libro de recetas" ocultas, ni un manual para hacer rituales, ni una revelación de secretos oscuros. Es mucho más simple que eso, es una mirada al mundo de la brujería, tal y como es hoy en día.

Este libro lo he escrito como practicante, observador e investigador. A partir de esta triple perspectiva, espero presentar una imagen equilibrada de estas prácticas tan poco conocidas. Todas las mentiras ya se han dicho. Ahora es el momento de decir la verdad.

Scott Cunningham,
SAN DIEGO, CALIFORNIA

Prefacio

La "Nueva Era" es una frase que usamos frecuentemente, pero ¿acaso sabemos qué quiere decir? ¿Significa acaso que estamos entrando en la Era de Acuario? ¿Significa que un nuevo Mesías está en camino para venir a corregir todas las cosas que están mal hechas y a convertir la tierra en un jardín? Probablemente no, pero la idea de un cambio de gran envergadura si está ahí, combinada con la conciencia real de que la tierra puede ser un jardín; de que la guerra, el crimen, la pobreza, la enfermedad, etc., no deben ser males necesarios.

Los optimistas, los soñadores, los científicos y casi todos nosotros, creemos en un "mañana mejor" y, además, consideramos que, de alguna manera, podríamos hacer cosas que contribuirían para lograr un futuro mejor tanto para nosotros como para las próximas generaciones.

La Nueva Era es un cambio superior en nuestro nivel de conciencia, el cual ocurre dentro de cada uno de nosotros, en la medida en que aprendemos a producir y a manifestar poderes que siempre ha tenido la humanidad.

La evolución avanza a pasos agigantados. Los individuos se esfuerzan por desarrollar talentos y poderes. Esos esfuerzos por construir un "banco de poderes" en el subconsciente colectivo, el alma de la humanidad que repentinamente forja estos mismos talentos y poderes, van ofreciéndole acceso cada vez más fácilmente a la inmensa mayoría.

Introducción

*E*s de noche. Las cortinas de la casa de clase aristocrática están cerradas con el fin de evitar los ojos de los entrometidos. Las velas alumbran en la sala. El humo del incienso se arremolina. Siluetas humanas vestidas con túnicas, cantando en un idioma desaparecido hace mucho tiempo, giran alrededor de una rústica mesa de madera.

Encima de ella, en medio de las velas, están acomodadas unas imágenes sagradas: una diosa robusta luciendo una Luna creciente sobre su frente, un dios sosteniendo una lanza en su mano levantada.

Todos los movimientos se detienen. Una mujer que está parada junto al altar, dice:

> *En este momento sagrado, en este lugar sagrado,*
> *invocamos a los antiguos:*
> *a la diosa de la Luna, de los mares y de los ríos;*
> *al dios del Sol, de los valles y de los bosques:*
> *acérquense a nosotros durante este, nuestro círculo.*

Esto sí es brujería.

A dos mil millas de distancia, una chica quinceañera pega una vela verde sobre una fotografía de polaroid de un amigo. En la habitación oscurecida, ella enciende la vela. Cierra los ojos. Dentro de su mente visualiza una luz púrpura resplandeciente rodeándole el brazo fracturado de su novio. Canturrea un apasionado encantamiento curativo.

Esto también es brujería.

Estos ejemplos resumen la brujería. Es una religión conocida como Wicca. También es la práctica de la magia popular.

Gracias a una calumniosa campaña durante varios siglos, las personas comunes y corrientes piensan que la brujería consiste en adoración satánica, orgías y consumo de drogas. Ellos consideran, equivocadamente, que los brujos practican un revoltijo de adoración al diablo, rituales desagradables, crueldad y sacrificios humanos.

Las personas que practican tales atrocidades, por su puesto que existen: asesinos, psicópatas, psicóticos y aquellos frustrados por la religión en la cual nacieron. Pero esas personas *no son* brujos y *no* practican la brujería.

No es de sorprender que tales creencias falsas existan, puesto que han sido reforzadas por la literatura, las bellas artes, las películas, la televisión y decenas de miles de horas de sermones virulentos. Aunque los hechos han permanecido fácilmente disponibles para todos, durante los últimos veinte años o más, han sido enormemente suprimidos, ridiculizados o ignorados.

Como ocurre con frecuencia, la verdad acerca de la brujería es menos tentadora que las mentiras. No se presta tan fácilmente para programas de entrevistas, como sí lo hace el satanismo, y muy raras veces produce titulares de primera página.

Pero ahí permanece.

MAGIA POPULAR

La magia popular es exactamente lo que su nombre indica —la magia de la gente—. Hace mucho tiempo, la práctica de rituales mágicos simples era algo tan normal como comer o dormir. La magia era una parte más de la existencia cotidiana. Cuestionar su efectividad o su necesidad equivalía como si en la actualidad nos atreviéramos a poner en tela de juicio la redondez de la tierra.

A pesar de que los tiempos han cambiado, los practicantes actuales de la magia popular aceptan los mismos principios y ejecutan rituales similares a aquellos que se ejecutaban en las épocas antiguas.

Los magos populares no utilizan poderes sobrenaturales. Ellos no desean controlar el mundo. Tampoco son peligrosos ni perversos. Simplemente sienten y utilizan las energías naturales, las cuales todavía no han sido cuantificadas, ni codificadas ni, mucho menos aceptadas en los santificados salones de la ciencia.

Estas energías emanan de la tierra y no provienen de demonios ni de Satanás. Ellas están representadas a través de las piedras, los colores y las hierbas; así como también se encuentran dentro de nuestros cuerpos. Durante el desarrollo de rituales, los magos populares despiertan, liberan y dirigen estas energías para llevar a cabo el propósito de generar cambio positivo, específico y necesario.

Para los ateos, el hecho de utilizar estas energías no resulta menos ridículo que el mismo hecho de rezar. Para los materialistas, este tipo de prácticas no tiene en cuenta el valor monetario de la tierra. Para los cristianos, quienes han estado convencidos de "dominar y someter" la tierra entera, tales conexiones íntimas con la naturaleza y sus efectos tangibles, resultan peligrosas y perversas.

Los tres puntos de vista son, posiblemente, correctos para sus seguidores —pero no para los magos populares—. Una y otra vez, los magos populares se han mantenido alejados de la religión ortodoxa y tradicional, la cual establece que el poder está en las manos de dios y sus sacerdotes, sus santos y sus representantes terrenales. Estos magos han ido mucho más allá que los materialistas, al reconocer las cualidades de la naturaleza. Y todos ellos —en común acuerdo con muchos otros— no se preocupan por lo que puedan pensar o no los ateos.

Los magos populares, insatisfechos con los credos que se fundamentan en aspectos religiosos o físicos, se han puesto en la tarea de investigar la tierra y sus tesoros. Ellos han hecho un recorrido introspectivo a su interior para racionalizar los poderes místicos del cuerpo humano, con el fin de sensibilizarse ante sus conexiones con la tierra. Y han descubierto que la magia funciona.

Wicca-Brujería

Wicca es una religión contemporánea. Sus practicantes rinden cultos a la diosa y al dios, entendidos como los creadores del universo —el de las cosas conscientes, tangibles—. Aunque en general los brujos practicantes de la Wicca no están de acuerdo con una forma específica, ellos aceptan la reencarnación y la magia, le rinden culto a la tierra como manifestación de la diosa y del dios y se reúnen para realizar ceremonias religiosas en los momentos determinados por la Luna y el Sol.

La Wicca no es una forma de proselitismo. Es afirmación de la vida, no comercialización de la muerte. Ella tiene su propia serie de mitos, objetos religiosos, rituales y leyes, muchas de las cuales admiten tener pequeñas semejanzas con las de otras religiones de la actualidad.

Los practicantes de la Wicca pueden ser tanto de sexo femenino como masculino, de cualquier edad y de cualquier raza. Pueden organizarse en grupos hasta de cincuenta personas o más; conformar congregaciones de trece personas o menos; o pueden adorar a la diosa o al dios por separado. Aunque la mayoría de los practicantes hablan inglés, también pueden llamar a las divinidades en español, francés, galés, sueco, gaélico escocés, alemán, holandés y en muchos otros idiomas. Como religión, la Wicca existe por todas partes de Europa; en los cincuenta estados de Estados Unidos; en América Central y América del Sur; en Australia; en Japón; y en cualquier cantidad de lugares más.

La Wicca no es una religión organizada, de la manera como lo es, por ejemplo, el cristianismo, pero existen grupos en diferentes países con el fin de proteger a sus practicantes contra los abusos legales, literarios y físicos. Algunas formas de Wicca han sido reconocidas por el gobierno federal norteamericano como grupos religiosos legítimos.

Los practicantes de la Wicca son mujeres y hombres de diferentes profesiones, distintas procedencias culturales y orígenes religiosos. Para muchos de ellos, la Wicca es la única religión que fomenta el amor por la tierra y todo lo que la habita y promueve la práctica de la magia popular para transformar sus vidas en unas experiencias positivas. Las mujeres, especialmente, se sienten atraídas hacia la Wicca debido a su aceptación hacia el aspecto femenino de la divinidad —la diosa—. Para sus practicantes, ésta es la única religión que mantiene un verdadero vínculo íntimo con la divinidad.

Las personas que se inclinan hacia su práctica no están en las calles ni en los teléfonos, tratando de atraer nuevos miembros. En efecto, la mayoría de los seguidores de la Wicca son lo suficientemente inteligentes como para darse cuenta de que su religión no es el único camino hacia la divinidad —un rasgo característico que se comparte con muy pocos miembros de otras religiones—.

Pero para ellos, este es el camino correcto.

PRIMERA PARTE

MAGIA POPULAR

CAPÍTULO 1

La magia de la gente

La magia popular nació en la época de los milagros. Hace millones de años, la naturaleza era una fuerza misteriosa, los rayos de luz fluctuaban sobre el cielo. Energías invisibles enredaban el enmarañado cabello y alborotaban las tormentas de polvo. El agua caía estrepitosamente. Las fuerzas poderosas, inconcebibles para aquellos antiguos humanos, enviaban destellos de luz desde las nubes, destruyendo y convirtiendo los árboles en trozos de impetuoso infierno. Las mujeres milagrosamente concebían bebés. La sangre era sagrada. La comida era sagrada. El agua, la tierra, las plantas, los animales, el viento y todo lo que existía estaba infestado de poder.

La magia, como también la religión y la ciencia, aparecían súbitamente a través de las acciones de los primeros humanos, quienes intentaban comprender, contactar y encontrar alguna forma de controlar tales fuerzas. A lo largo de innumerables siglos, ellos examinaron el mundo natural que existía a su alrededor, descubriendo así las propiedades del agua, del fuego, de las plantas y de los animales. También investigaron los procesos misteriosos del nacimiento y la muerte y reflexionaron acerca del lugar a "donde iban" los muertos. Se asombraban ante los complejos patrones estructurales de minerales y flores y observaban el movimiento de las nubes.

Estos antiguos hombres eran diferentes de nosotros. Ellos vivían en y con la naturaleza, dependían de ésta para su sustento y protección tanto de los humanos como de los animales. Cuando sembraban plantas silvestres para su sustento y olían flores con intensa fragancia, o cuando sacaban opalescentes y relucientes conchas a la orilla del océano, sentían que eran más que simples objetos sólidos y formas físicas.

Sin barreras materialistas las primeras mentes primitivas exploraron el mundo descubriendo *algo* indescriptible, presente dentro de todos los objetos y dentro de todos los seres. En los objetos inanimados, el color, la forma, el tamaño y el peso podrían ser reconocidos como indicios propios a sus naturalezas no físicas. La localización donde encontraban un objeto —al lado de riachuelos, sobre las altas montañas, o en las profundidades de la tierra— pudo haber sido un indicador del tipo de energía encontrado dentro del objeto.

Los poderes que parecían estar fluyendo en los seres humanos eran de diversidad increíble. Un hombre lleno de ternura irradiaba una energía diferente a la de uno que tuviera la tendencia a ser asesino. Las energías de un individuo saludable y fuerte eran similarmente saludables y fuertes; mientras que un individuo enfermo poseía pocas reservas de energía de tipo inferior. Inclusive, los huesos de los muertos junto con sus pertenencias (si es que las tenía), eran también percibidos al contener cierta forma de poder.

Eventualmente, el ritual fue desarrollado como una forma de contactar y utilizar la energía que se encontraba tanto en el interior de los humanos como en el mundo natural. El cómo, el por qué o el dónde sucedió todo esto es de menor importancia, sin embargo, este paso marcó la llegada de la magia y la religión.

Sí, la religión. En la actualidad se especula que los antiguos humanos desarrollaron una especie de reverencia espiritual. Indudablemente, ellos practicaban la magia y, en las épocas antiguas, tanto la magia como la religión estaban íntimamente ligadas entre sí. En la actualidad, esto aún continua (ver capítulo cinco).

Ciertos objetos apreciados por sus energías eran probablemente utilizados con fines específicos. El ámbar, no el verdadero mineral, sino la resina de pino fosilizado, podría estar entre los primeros materiales utilizados para propósitos mágicos. Las imágenes de osos y esculturas geométricas de ámbar —por lo general perforados para colgarlos— aparentemente eran utilizados como mecanismos de protección o para asegurar la cacería.

Los fragmentos de hierro meteórico debieron haber sido vistos con respeto, especialmente si caía un meteorito que ellos habían observado. Las flores utilizadas con fines mágicos y rituales poseían mayor aprecio una vez sus propiedades medicinales habían sido reconocidas.

Así, la magia popular lentamente se fue desarrollando en un método para la utilización de objetos naturales con propósitos específicos y necesarios, como protección, fertilidad, partos seguros y cacería exitosa.

En algún momento, las energías de los hombres fueron introducidas a la magia popular. Los rituales complicados eran desarrollados como una manera de unir al mago con la energía del objeto. En cierto sentido, esta fue una forma de comunicación. Los gestos, el ritmo, la danza, las posturas de los rituales y, más tarde, las plantas alucinógenas eran utilizados para fusionar exitosamente la energía humana con la energía de aquellos apreciados objetos.

Todos los sistemas mágicos y las religiones se desarrollaron a partir de estas primeras prácticas. La magia tribal, como también los rituales religiosos, indudablemente se desarrollaron de la magia popular. Sin embargo, la magia individual sobrevivió.

Estos rituales simples continuaron siendo utilizados durante miles de años. En el esplendor y en los decaimientos de las grandes civilizaciones (Sumeria, Egipto, Babilonia, Grecia, Creta y Roma), la magia tradicional continuó siendo practicada; mientras tanto los sacerdotes y sacerdotisas se convirtieron en esclavos de las religiones establecidas y de sistemas mágicos.

Más tarde una nueva y organizada religión, nacida en el cercano oriente después de la muerte de un profeta judío, flexibilizaba su poder político. La conversión oficial del imperio romano al cristianismo, aproximadamente en el año 325 de nuestra era, propagó el cristianismo en todo el mundo occidental. País tras país se fue convirtiendo al cristianismo; muchas de las antiguas formas de magia popular se olvidaron —con frecuencia, bajo amenazas de muerte o encarcelamiento—.

Algunas personas opuestas a la prohibición de rituales de millones de años, los alteraron ligeramente para complacer una nueva religión. Aquella magia que no podía realizarse o, al menos conformarse vagamente, era practicada en secreto. Los días en que los antiguos encantamientos y hechizos europeos eran parte de la vida cotidiana, habían terminado.

Los líderes de la nueva religión en su deseo de ejercer absoluto control sobre todos los aspectos de la vida humana, buscaron la forma de caracterizar como "crímenes" la predicción del futuro, la curación síquica, la creación de amuletos protectores y los hechizos para atraer al amor y todo lo que no estuviese relacionado con su credo religioso. Por todas partes el reconocido mundo de la magia popular se convirtió en recuerdo vago, especialmente cuando las escenas de un gran número de asesinatos —ejecutados en nombre de dios se volvieron comunes—.

Muy pronto, la llegada de la investigación científica moderna tuvo lugar. A medida que los horrores de la persecución de brujas de la época medieval y del renacimiento desaparecieron gradualmente de la memoria, los humanos comenzaron a investigar las formas de la naturaleza desde otro punto de vista. El magnetismo, la medicina y la cirugía, las matemáticas y la astronomía fueron codificadas y trasladadas del mundo mágico a la ciencia.

Con base en este conocimiento, la Revolución Industrial comenzó a finales del siglo XIX. El hombre ganó algo de control sobre la tierra a través de medios mecánicos; las máquinas pronto reemplazaron a la religión. El hombre, al no depender de la tierra para su supervivencia, empezó a crecer aislándose de su propio planeta.

En el siglo XX, una serie de guerras mundiales y locales destruyeron rápidamente gran parte de las últimas formas de vida de millares de europeos, americanos, asiáticos y pobladores de las islas del Pacífico. La magia popular, antiguamente el alma misma de los seres humanos, nunca había tenido días tan oscuros.

Pero ésta no desapareció completamente. En los lugares donde las máquinas y la tecnología no habían invadido, la magia popular continuó; en zonas como: Asia, Africa, el Pacífico Sur, América del Sur y América Central, en secciones rurales de América del Norte como los Ozarks y en Hawai e inclusive en partes de Europa.

Durante los años sesenta, la magia popular renació nuevamente. El movimiento juvenil en los Estados Unidos y Gran Bretaña se reveló en contra de los rígidos códigos sociales y de los ideales cristianos. Algunos jóvenes se convirtieron al budismo, a la filosofía Zen y a otras doctrinas orientales. Otros se sintieron atraídos con lo poco que habían podido aprender en encantamientos y hechizos, magia verbal, la lectura del tarot, amuletos y talismanes. Un incontable número de libros, artículos y revistas populares aparecieron revelando este conocimiento que antiguamente fue de carácter público, para una nueva generación insatisfecha con sus vidas netamente tecnológicas.

Los libros de hechizos y los textos acerca de la magia, escritos por investigadores o practicantes de magia popular, fueron comprados por personas cuyos ancestros habían originado estas prácticas. Libros como *Mastering Witchcraft*, de Paul Huson, *The Complete Book of Magic and Witchcraft*, por Katheryn Paulsen y *Rituales Prácticos con Velas*, de Raymond Buckland (disponible en español), junto con otra docena de libros, tuvieron gran éxito. Un nuevo despertar había comenzado.

Pero la supresión religiosa de la magia popular continuó aumentando durante la década de los sesenta. Una gran cantidad de libros fueron publicados estipulando que este renovado interés en la magia popular (usualmente descrito como brujería) anunciaban el final del mundo. Predicadores en los Estados Unidos quemaron públicamente libros de ocultismo y objetos mágicos. Lo hicieron, según ellos, en un intento por destruir "los trabajos del diablo".

Sin embargo, la influencia del cristianismo en la opinión pública comenzó a debilitarse. Aún cuando muchos de los no practicantes continuaron viendo la magia como satánica, no natural y peligrosa, personas sin prejuicios empezaron a investigar por ellas mismas. Algunas se convirtieron en fervientes practicantes, encontrando en la magia popular una conexión con sus ancestros y un sentido de poder personal.

En la actualidad, el resurgimiento que comenzó a finales de los sesenta, ha producido una generación de individuos conscientes. Muchas de estas personas se han involucrado en el desarrollo de capacidades y la curación psíquica, la medicina basada en hierbas, los trabajos con cristales, el vegetarianismo, la programación en neurolingüística, la meditación y doctrinas orientales. Lo anterior, junto con la promoción de los medios masivos de comunicación, ha generado el movimiento de la Nueva Era.

Como respuesta al continuo interés que existe alrededor de la magia popular y la espiritualidad no cristiana y a la pérdida de influencia del cristianismo, la religión ortodoxa ha dirigido sus armas propagandistas hacia este nuevo movimiento de magia popular, prediciendo de nuevo que estos son los últimos días de nuestro planeta.

La magia popular no es "el trabajo del diablo". Tampoco es satanismo; ésta no involucra sacrificios de seres vivos. Tampoco consiste en hablarle a los espíritus o servir a los demonios. No proviene de la oscuridad peligrosa, diabólica o sobrenatural. La magia popular no es anticristiana, ni antireligiosa ni es antinada.

La magia popular promueve el amor por la vida, la curación y la salud. Es una herramienta para transformar sus vidas. Es una relación con la tierra. Cuando lo "normal" significa fracaso, cuando todos los esfuerzos no traen resultados positivos, millones de personas hoy en día prefieren optar por el camino de la magia popular.

Actualmente la magia es practicada por adolescentes, adultos y ancianos. Por profesionales, trabajadores, abogados y vendedores. Personas de todas las razas llevan a cabo antiguos rituales, algunos de los cuales pueden estar relacionados con sus antecedentes culturales. Una chicana que habita en el Sur oeste de Arizona puede frotar a sus hijos con ruda y hojas de romero como parte de un ritual de sanación. Un hombre común y corriente podrá detenerse en una tienda de Nueva Orleans para comprar una vela verde e incienso para obtener dinero, con el propósito de preparar un ritual para la abundancia. Los sensatos hawaianos colocan hojas de una planta determinada en el elevador para prevenir a las mujeres de la violación.

Para aquellos con lazos muy fuertes con sus ancestros, una plétora de hechizos y rituales están disponibles para su uso mágico personal.

La magia popular, entonces, constituye la gran cantidad de prácticas mágicas antiguas y modernas realizadas por los individuos para mejorar sus vidas. Libre de creencias sociales o censuras religiosas, los magos tradicionales labran sus propios futuros a través de rituales eternos.

La magia popular vive nuevamente.

CAPÍTULO 2

EL HECHIZO

El hechizo está en el corazón mismo de la magia popular. Es simplemente un ritual en el cual varias herramientas son utilizadas con un propósito especifico, el objetivo está plenamente establecido (ya sea en palabras, dibujos o en el interior de la mente) y la energía es la que conlleva hacia la adquisición del resultado necesario.

Los hechizos pueden ser tan simples como recitar una canción sobre una rosa fresca mientras se coloca entre dos velas rosadas para atraer amor; o también puede ser el colocar un cristal de cuarzo sobre una ventana soleada con propósitos preventivos.

Los hechizos usualmente son mal interpretados por los no practicantes. En el pensamiento popular todo lo que usted necesita para hacer magia es un hechizo, un hechizo *real*, no aquel tipo de hechizos que se encuentran en los libros: como el que transmitió un ángel al Rey Salomón, el que se transcribió en algún libro mitológico acerca del trabajo de hechicería del siglo XVI. Sus sueños más descabellados podrían cumplirse si usted llega a desarrollar un hechizo real.

Parece ser que muchas personas piensan que simplemente con el hecho de reunir unos cuantos objetos (entre más extraños mejor) y diciendo melódicamente unas pocas palabras, los poderes del universo se esparcirán, trasladarán y producirán milagros. Este es el producto de un mundo que cree que la magia debe ser sobrenatural, irracional e imposible.

Sin embargo, la magia trabaja con la naturaleza y con energías naturales. Los hechizos —los cantos, gestos con instrumentos, la iluminación de las velas— son tan solo la forma exterior y no tienen valor a menos que la energía se traslade. Esto es solamente responsabilidad del mago. No hay poderes demoníacos que fluyen para ayudar a la persona que pronuncia el hechizo.

Por el contrario, es el mago que al construir correctamente un hechizo, desarrolla lo que yo llamo "un poder personal". A su debido tiempo, este poder se liberará para que comience a trabajar en la manifestación del hechizo.

Los hechizos efectivos —o más bien, los hechizos que producirán los resultados necesitados— están diseñados para que cumplan con su objetivo. En las épocas, en las cuales la magia era una parte de la rutina diaria, los hechizos probablemente eran muy simples. El mago conocía de antemano que el ritual podría funcionar y no necesitaba ser persuadido en este tipo de creencia.

Después de los días gloriosos de la magia, este enfoque natural desapareció. Para que los hechizos fueran efectivos, los magos tenían que dejar a un lado su incredulidad culturalmente arraigada; la verdadera naturaleza de los hechizos cambió. Entonces, el mago agregó atuendos especiales que simbolizaban el evento que estaba apunto de ocurrir. Las velas fueron encendidas y el incienso quemado para producir su propia atmósfera romántica. El hechizo podría ser trabajado exactamente a la media noche en un área desolada con la Luna llena brillando a lo lejos. Palabras extrañas fueron pronunciadas rítmicamente para desencadenar el poder dentro del mago. Finalmente, después de una hora o algo más de trabajo, cuando al fin se alcanzaba el punto máximo de energía y un estado mental apropiado y preestablecido, el mago simplemente liberaba el poder y el hechizo había concluido.

Los cantos, las velas, el incienso e inclusive la Luna, contienen energías especificas, las cuales pueden ser utilizadas en la magia. Pero tales herramientas no son estrictamente necesarias para la ejecución de la magia popular. La magia está en el mago y no dentro de las herramientas.

Adornos extravagantes e ingredientes extraños tampoco son necesarios, a menos que el mago lo estime necesario. Los diferentes tipos de magia popular utilizan diversas especies de hechizos. Si se trata de una mente analítica e intelectual, el mago popular va a preferir los rituales de visualización, en los cuales el objetivo está plenamente establecido en la mente, como si se tratara de un vehículo a través del cual el poder flotará. Un mago más tradicional preferirá hierbas, cristales y velas. Aquellos intrigados con la forma y patrones complejos, podrían encontrar que el uso de las runas, imágenes, colores, sistemas y símbolos mágicos llenarán sus necesidades. Los artistas podrían crear cuadros de rituales, música y canciones de hechizos.

Esta es apenas una simple y llana generalización, pero debería servir para demostrar que ninguna clase de hechizo será igualmente efectiva para todos los magos tradicionales. Podemos agregar, que todos los hechizos —publicados o no— pueden ser efectivos.

Los hechizos están diseñados para liberar el poder personal que habita dentro del mago. Es esta energía —junto a los objetos naturales como cristales, hierbas, aceites, incienso y similares— la que le da potencia al hechizo y lo mantiene en movimiento. ¿Cómo es que funciona? Todavía no podemos explicarlo completamente, pero la siguiente teoría parece válida:

Existe un poder en el universo. Este es el poder de la vida. Esta fuerza inexplicable está más allá de las maravillas que los primeros humanos encontraron. La tierra, el sistema solar, las estrellas —o lo que existe— son un producto de este poder. Los seres humanos le han dado el nombre de "Dios" y "Diosa" a esta fuente de energía. Esta energía es la misma que se venera en cada una de las religiones y de diferentes maneras.

Este es el poder que nos mantiene vivos, que nos permite reproducirnos y que está dentro de los seres y las cosas. No se trata de algo sobrenatural, por el contrario, este es el poder de la naturaleza misma.

Los humanos son manifestaciones de este poder, así como las plantas, las rocas, árboles, nubes y el agua.

Nuestros cuerpos no son generadores de poder pero si son fuentes de asimilación. Nosotros tomamos la energía de los alimentos que consumimos, del Sol y del aire. La liberamos durante el ejercicio o cualquier actividad física (incluyendo el sexo) y durante la concentración, la oración o la magia.

Por consiguiente, la magia puede ser vista como un método de liberación de poder personal. Es tan real y tan natural como hacer ejercicio o hacer el amor. Y así como estas dos actividades son utilizadas para propósitos específicos, la magia también lo es.

El poder personal no es la única fuente de energía utilizada en la magia popular. Es usualmente combinada con la energía de objetos como las hierbas y piedras, las cuales han sido utilizadas en la magia por innumerables generaciones. Estos objetos no son vistos por el mago tradicional como simples piedras preciosas o plantas fragantes sino como fuentes de energía.

Esta energía puede ser suscitada y concentrada. El poder personal —ese que existe en el interior de los seres humanos— es "despertado" a través de la música o los cantos; a través de la danza; de la manipulación de varios objetos, de la concentración o de la visualización mágica.

La energía de las piedras, hierbas y otros objetos es provocada por medio de rituales. Las hierbas pueden ser benditas o visualizadas para almacenar la energía. Las piedras pueden ser colocadas entre las palmas de las manos. Durante esas ejecuciones el mago siente las energías que poseen estos objetos, las toca, hablando en un sentido metafísico, y logra que se muevan.

Los humanos y los objetos naturales tienen bandas o espectros de diferentes clases de energía. Existe solamente un tipo de energía, sin embargo, la forma física en la cual ésta se manifiesta determina sus características específicas. De esta manera, el romero posee energías que pueden ser utilizadas para propósitos mágicos.

El tipo de energía que permanece en nuestros cuerpos está cambiando constantemente, de acuerdo con nuestros pensamientos, esperanzas, deseos y condición física.

Este poder puede ser "programado" o "sintonizado" para producir un resultado específico. Esta programación tiene lugar tanto en el mago como en los objetos utilizados en el hechizo. Esto ocurre usualmente después de que el mago ha sentido las energías dentro de sí mismo(a) y dentro de dichos objetos. Posteriormente, estas energías son reducidas al propósito del hechizo, tales como el amor, el dinero o la salud.

Este proceso podría conllevar a la visualización: crear y mantener ciertas imágenes o conceptos en la mente. El color es otra herramienta utilizada para programar la energía. Una rosa, al ser utilizada en un ritual para atraer amor, podría emanar un brillante color rosado, el cual se conoce como el color del amor.

Cuando las energías que van a ser utilizadas en el hechizo tienen el tono y la frecuencia apropiados (he tomado en calidad de préstamo estos términos), todo estará listo para la transferencia real.

Durante este proceso de adaptación se pueden encender las velas, marcar o dibujar símbolos en la corteza de un abedul, o pronunciar palabras establecidas, pero tales acciones rituales sirven solamente para intensificar la concentración del mago sobre el trabajo que esté ejecutando.

Este poder puede ser movido y dirigido. El poder puede ser liberado de sus confines físicos (el cuerpo humano, los cristales de cuarzo, etc.) y enviado hacia el propósito del hechizo. Durante los rituales de sanación este poder es proyectado hacia la persona enferma. Si se necesita protección, la energía puede ser dirigida a un área pequeña de un edificio, por ejemplo hacia la puerta del frente, o inclusive hacia un automóvil o una mascota.

Una vez la energía haya sido liberada de sus formas materiales, no estará limitada por las leyes físicas. El mago puede moverla 10 pies o 10 mil millas si el trabajo lo requiere. El conocimiento y la experiencia del mago popular —no la distancia involucrada— determinan la efectividad del hechizo.

La energía enviada a través del uso de la visualización, o a través de gestos rituales como señalar con los dedos, utilizar varas mágicas, espadas y cuchillos mágicos o simplemente a través de la concentración. Una vez trasladado este poder, tendrá un efecto sobre su objetivo.

El método por el cual el poder cambia su destino puede ser determinado por el mago durante el ritual o por las circunstancias que pasaron en el momento de su llegada.

No existe una *explicación* exacta acerca de cómo sucede este cambio —al menos no todavía—. Quizás esto se pueda comprender al utilizar una analogía: cuando se agregan unas cuantas gotas de color a un vaso de agua, el agua no se altera ostensiblemente, pero la introducción del color, el cual es soluble en el agua, ha creado una combinación de ambas sustancias —color y agua—.

Parece ser que la magia trabaja con los mismos lineamientos. La energía de sanación que es enviada a una persona enferma o herida, en realidad no cura, pero parece que puede hacer que se aceleren los procesos de sanación del cuerpo. La energía de protección visualmente no altera a un edificio u objeto en donde está concentrada la energía, pero sí puede crear un cambio no físico, puede crear una barrera de energía que resista la entrada de poderes peligrosos o negativos.

En pocas palabras, esta puede ser la explicación de un mago acerca de la magia. No todos los magos podrían estar de acuerdo con todos los detalles de este modelo, pero sí puede darnos un marco referencial para crear nuestras propias explicaciones.

Desde este punto de vista, la magia popular no puede ni podrá analizarse como un proceso sobrenatural e idealista. Aunque no hemos explicado en detalle la magia popular (la franja de la física cada vez se acerca más a este logro), simplemente dejamos en claro que se trata de un proceso natural que la mayoría de nosotros no hemos utilizado.

El hechizo es una forma de drama ritual, una serie de acciones mágicas, mentales y físicas diseñadas para provocar, programar, liberar y dirigir la energía hacia un propósito específico.

La ciencia no ha tenido la intención de penetrar en todos los secretos de esta fuerza misteriosa. Los efectos al usar un interruptor para prender una luz pudieron haber sido mágicos para nuestros ancestros, y aun lo siguen siendo. "Prender" un poder mágico, lo que antiguamente constituía un acto común, es hoy en día una práctica oculta (escondida) pero pueden ocurrir miles de veces al día.

Alguna vez un reportero de un periódico se quejaba acerca de que la magia era —como ya lo había explicado— demasiado ordinaria y también demasiado cotidiana. Teniendo en cuenta los escandalosos encabezamientos y oraciones consagradas a los demonios, se sintió abatido al descubrir que la magia es un proceso natural.

No me interesaba decepcionarlo. La magia es el movimiento de energías naturales. Todo los adornos extravagantes, los secretos, la sangre de murciélago, los ojos de salamandra, la música escalofriante, los encantos extraños y el resto de cosas similares están ahí, a la mano de las personas que las necesiten o las deseen —aquellos que no puedan sentir la energía dentro de ellos mismos o en la naturaleza— sin utilizar accesorios dramáticos para desistir de su incredibilidad.

La verdadera magia popular, como ya lo hemos dicho, no necesita nada de eso. Todo lo que requiere es un ser humano con conocimiento acerca de la magia y profundas conexiones con la tierra. En el interior de estas cosas están todos los secretos de la magia.

Otro aspecto importante, con mucha frecuencia ignorado en otros libros y que debería estar relacionado con la magia popular, es que el creer no da poder a los hechizos. Yo podría creer que algunos seres extraterrestres de otro planeta aterrizaron en 1939 y determinaron las estrategias militares a Adolfo Hitler. Por su puesto no estoy seguro de que es cierto puesto que no tengo pruebas.

La creencia es incierta e implica que el que cree puede estar equivocado. Puede ser un presentimiento, una idea que sólo tiene la emoción como soporte. Creer en Dios es una cosa pero tener conocimiento de una relación con él o ella es algo muy diferente.

Las creencias pueden jugar un papel importante en la magia cuando las personas comienzan a experimentar con ella. Es un paso necesario. Eventualmente, una vez que la magia ha demostrado tener efectos, esta creencia se fortalecerá con cierto conocimiento. Sin embrago ni las creencias ni la fe son suficientes. Solamente el conocimiento permite la magia efectiva: el saber que la magia es un proceso genuino y que la energía es una parte natural y viable de la vida que puede ser programada y proyectada para producir efectos específicos.

Así que aquellos libros que afirman que el mago debe creer en la magia para que sea efectiva están equivocados. La creencia es tan solo una parte de la magia, de la misma manera que una computadora está compuesta de muchas partes.

Una vez la persona haya alcanzado determinado dominio sobre estos conceptos básicos, él o ella sabrán que si ejecuta ciertos procedimientos, entonces ocurrirían ciertos efectos.

Los magos populares no dudan de la eficacia de la magia. Ellos saben que los hechizos son las claves para desbloquear las energías naturales que pueden ser utilizadas para mejorar sus vidas.

Instrumentos de poder

𝒜unque el poder personal —el cual reside dentro de los humanos— es la más potente fuerza de trabajo en la magia popular, sus practicantes utilizan una gran variedad de objetos mágicos tomados de los hechizos y rituales de varias culturas. Tales "instrumentos" son usados para prestar sus propias energías, así como también para producir el estado de conciencia necesaria para los trabajos mágicos.

La magia puede ser, y con mucha frecuencia lo es, efectiva en un nivel personal, con el mago utilizando el poder que reside dentro de él mismo. Sin embargo, los magos populares siempre han usado objetos naturales como también prácticos instrumentos manufacturados a mano para fortalecer sus rituales mágicos. Aquí están algunos de ellos.

Los Cristales

El uso de los cristales y de las piedras es tal vez el más reciente redescubrimiento de la antigua magia popular.

Incontables libros han sido publicados sobre el tema y muchas personas hoy en día están trabajando con la magia de las piedras y descubriendo sus habilidades para mejorar sus vidas.

Este interés tan extendido no es muy difícil de explicar. Mientras los cristales son realmente hermosos y poseen valores intrínsecos, al mismo tiempo poseen energías específicas aprovechables para el uso de la magia. Las piedras han sido utilizadas en la magia desde los tiempos más remotos y, junto con las hierbas, quizás fueron las primeras herramientas para la magia.

Dé un paseo por dentro de cualquier almacén de Nueva Era y verá cómo sus ojos estarán deslumbrados por la gran variedad de cristales. El cristal de cuarzo predomina y se encuentra por docenas en diversas estructuras y formas específicas: de acabado doble, encastillado, anhídrido, fantasmal, fantasmal rojo, vara láser y tubular, son algunas de las formas más apreciadas.

Una variedad de colores del cuarzo son también usados en la magia, por ejemplo el amatista (púrpura) cornelian (naranja), cítrino (amarillento), cuarzo azul, cuarzo rosa y así sucesivamente.

Además del cuarzo, docenas de piedras son usadas en la actualidad para promover la salud, atraer el amor, el dinero, traer paz y para guardarnos de todo tipo de males. Muchas personas no son consientes que el cristal de cuarzo no es la única piedra conocida para liberar y absorber energía.

Tal vez cien o más piedras están siendo usadas actualmente en la magia. Algunas han sido redescubiertas recientemente. La fluorita, una piedra virtualmente desconocida por fuera de los círculos de la mineralogía hasta hace muy poco tiempo, ahora es ampliamente usada para promover la actividad mental. La sugilite es una hermosa piedra púrpura que ha sido descubierta para promover el aspecto psíquico y la espiritualidad, es también comúnmente utilizada para la curación rápida. La piedra clara, con un matiz de color lavanda, promueve la paz y la salud. La turmalina también juega un papel importante en los usos mágicos.

Los magos populares suscitan, programan, liberan y dirigen las energías con estas piedras. Ellos no simplemente toman una piedra y piden que haga su trabajo; ellos trabajan con estos instrumentos de la tierra.

Una vez facultados, los magos populares usan las piedras de diferentes maneras cuando realizan los rituales. Son usadas, cargadas, guardadas bajo el colchón o colocadas en altares mágicos. Los cristales son frotados sobre el cuerpo y colocados en el hogar para liberar sus benéficas energías; estos también pueden ser combinados con otros elementos como hierbas y velas, en diversas formas, durante los hechizos.

¿Qué siente cuando piensa en diamantes, en esmeraldas, en zafiros o en rubíes? ¿Estas piedras lo asocian con la codicia, con un amor que nos ha dejado o que hemos encontrado? O ¿simplemente tiene deseos de poseer uno?

Nosotros hemos realizado ciertas asociaciones con los diamantes y con otras piedras preciosas a causa de su valor monetario y de su frecuente uso en anillos de matrimonio y de compromiso.

Algunos magos populares comparten esos sentimientos pero quienes han trabajado con piedras las ven en muy diferentes formas. Los diamantes son piedras de fuerza, reconciliación, curación y protección; las esmeraldas lo son del amor, del dinero, de la salud y del poder psíquico; los zafiros de meditación, paz y poder; los rubíes de alegría, riqueza y de sueño tranquilo.

Los cristales se han convertido en un gran negocio, en la medida en que más individuos se sienten atraídos hacia ellos por causa de su belleza y de su energía. Estos son los materiales más representativos de la Nueva Era, así como las antiguas herramientas de la magia popular.

LAS HIERBAS

Indiscutiblemente, las hierbas fueron usadas primero tanto en la magia como en la religión, mucho tiempo antes de que fueran vertidas en ollas de cocina para propósitos culinarios o medicinales. En la actualidad, las hierbas han sido redescubiertas por nuevas generaciones de magos populares, quienes permanentemente están ocupados recolectando, mezclando, sahumando y preparando infusiones de estos tesoros fragantes.

Las hierbas, de la misma forma que ocurre con los cristales, poseen energías especificas que son utilizadas en la magia. Los pétalos de rosa pueden ser esparcidos alrededor del hogar para fomentar la paz. Estos pueden ser colocados en medio de velas rosadas para atraer el amor a la vida del mago popular. La canela puede ser quemada para estimular la inteligencia; las flores de lavanda se pueden agregar al baño con el propósito de purificación y la madera del sándalo quemada para enaltecer la meditación y las experiencias psíquicas.

Una gran variedad de hierbas —las frutas, árboles, flores raíces, nueces, semillas, algas marinas, helechos, pastos y todos los otros tipos de materiales provenientes de las plantas— se utilizan en la magia popular. Esta es una forma de magia que no hemos olvidado todavía, como tampoco hemos olvidado el hecho de dar flores a quienes amamos, salpicarnos de perfumes y colonias elaboradas con base en extractos de plantas para atraer el amor o servir comidas realzadas con hierbas con el mismo propósito.

Las hierbas pueden ser quemadas como incienso para liberar sus energías en el aire o cargarlas en el bolsillo y esparcirlas en el hogar para varios propósitos específicos. En sus formas de aceite también pueden ser utilizadas.

Aceites esenciales y mezclas mágicas son frotadas sobre el cuerpo o, se agregan velas a los baños o, se utilizan para ungir cristales y muchos otros objetos en los lugares donde se realicen los rituales.

Gracias a la competencia de yerbateros, las hierbas han sido consideradas de nuevo como instrumentos de poder por muchos magos populares.

LAS VELAS Y LOS COLORES

Las velas solían ser una necesidad para iluminar parte de la noche. Actualmente, han llegado a convertirse en objetos de lujo en muchos hogares. Los magos populares usan velas como puntos focales para el poder, así como también para la energía mágica adicional que proviene de sus colores y de sus llamas.

Las velas de formas específicas son encendidas durante los rituales, con la forma correspondiente al objetivo mágico que se necesite. Sin embargo, de una manera más frecuente, la vela es una simple cerilla, así como lo es el color —no la forma— lo importante durante los rituales de magia popular.

Los colores tienen efectos fuertes en nuestras mentes inconscientes así como en nuestros cuerpos. Esto está siendo aceptado actualmente por psicólogos quienes han adelantado pioneros estudios relacionados con esta área. Las paredes de una prisión están pintadas de color rosado para calmar a prisioneros violentos. Los cuartos de un hospital están pintados de suaves matices de azul o verde para estimular la curación y minimizar el trauma de una cirugía. El rojo es usado en publicidad y en empaques para llamar la atención, así como también en las advertencias o, simplemente para las señales de pare y en luces intermitentes de emergencia.

Los magos populares, sabiendo que el color tiene efectos tanto mágicos como psicológicos, seleccionan velas de color que estén en armonía con su necesidad mágica.

Aquí tenemos una rápida lista:

- *Blanco*. Purificación, protección, paz.
- *Rojo*. Protección, fuerza, salud, valor, exorcismo, pasión.
- *Negro*. Negación, absorción de enfermedad y de negatividad.
- *Azul*. Curación, conocimiento, paciencia, felicidad
- *Verde*. Finanzas, dinero, fertilidad, abundancia, empleo.
- *Amarillo*. Inteligencia, teorización, adivinación.
- *Café*. Curación (de animales), hogar, vivienda.
- *Rosado*. Amor y amistad.
- *Naranja*. Adaptabilidad, estimulación, atracción.
- *Púrpura*. Poder, curación (de grave enfermedad), espiritualidad, meditación.

Las velas son frotadas con aceites fragantes y se rodean con cristales. Las hierbas también se pueden colocar alrededor de sus bases o dispersadas sobre el área de trabajo. Diversos símbolos pueden ser marcados sobre sus superficies. Las cerillas pueden ser colocadas formando determinados modelos o sino en candelabros especiales.

A medida que la vela se va quemando, el mago popular visualiza su necesidad. La llama dirige el poder personal, tanto como lo hacen también los objetos que están colocados a su alrededor.

Al contrario de lo que aparece en las antiguas historias de terror, las velas no se queman al revés. Tampoco están hechas de sebo humano. Todas esas cosas son sólo mentiras esparcidas por los no practicantes como parte de la interminable guerra entre la religión ortodoxa y la magia popular.

Las velas son usadas como instrumentos mágicos. Sus fuertes efectos sobre la mente consiente pueden ser fácilmente demostrados. Simplemente compre una vela blanca; luego mientras esté solo en la oscuridad o en un cuarto completamente oscuro, colóquela en un candelabro y encienda su mecha. Mientras el fósforo centellea y enciende la mecha, ubíquese inclinado ante ella. Tranquilice su mente por completo y mire como lentamente la llama derrite la cera. Respire suave y lentamente, mirando fijamente la vela como si fuera un místico dentro de una esfera de cristal.

Asumiendo que usted no va a ser interrumpido, probablemente se encontrará a sí mismo en un estado mental ligeramente diferente. También se sentirá más relajado, menos estresado y en paz.

Cuando usted encienda la luz, esta sensación puede desvanecerse como lo hace la oscuridad en el amanecer. En estos momentos habrá experimentado uno de los más poderosos efectos de las velas: su habilidad para alterar nuestras mentes conscientes. Las velas nos permiten alejarnos del mundo tecnológico y armonizarnos con los tiempos antiguos, cuando el fuego creado por el hombre era la última herramienta de la tecnología —en una época en la cual la magia era tan real como lo es el nacer y el morir—.

Esto no es magia propiamente dicha, pero sí la preparación para la misma. Aunque las velas contienen energías (relacionadas con el color), son, por encima de todo, instrumentos que facilitan cambios consientes. Además también sirven como puntos de enfoque para el poder personal y natural. Los magos populares han usado las velas (de la misma manera que lo hicieron sus antecesores con las antorchas y las lámparas de aceite) durante milenios.

La forma más fácil de ritual que puede ser considerada como una parte de la magia popular (al contrario de lo que es la magia exclusivamente mental), podría consistir en encender las velas de colores apropiadas, despertando así el poder personal, programándolo con los objetivos deseados, luego liberándolo y dirigiéndolo a la llama de la vela. Todo esto se hace mientras se visualiza la necesidad requerida.

Es posible que esta sea la razón por la cual las velas se encienden en millones de hechizos todos los días alrededor del mundo.

CANCIONES, PALABRAS Y POESÍAS

El hecho de respirar, de la misma forma que los sonidos generados al hacerlo, constituye una parte integral de la magia popular.

Para los antiguos hawaianos, el poder usado en magia era conocido como *mana*. Todos los aspecto de la naturaleza y del cuerpo humano —especialmente la respiración— estaba influenciado con mana En igual forma, las canciones fueron cuidadosamente establecidas durante los hechizos y los rituales, puesto que las mismas palabras contenían el poder de la respiración. Esta misma idea se encontró alrededor del mundo y puede haberse originado en tiempos prehistóricos.

Cuando se desarrolló el lenguaje articulado, hasta el punto de alcanzar mayor importancia sobre los métodos más antiguos de comunicación, tales como gruñidos, gestos corporales y manuales, el habla fue utilizada, probablemente, para propósitos mágicos y de rituales.

Los humanos le han dado a la palabra oral gran importancia tanto en el campo material como en el de la magia. A través del tiempo, las palabras de poder y los cantos secretos han sido pasados de un mago popular a otro. Hasta bien entrado el siglo XX, las sabias británicas conservaban cortos y rítmicos hechizos dirigidos a parar hemorragias, fiebres o escalofríos. Los juramentos son todavía pronunciados con palabras y, el hecho de mentir (especialmente cara a cara) es considerado como el mayor de todos los insultos y la máxima deshonra en muchas partes del mundo.

En las relaciones humanas, las palabras son la base primaria para que exista la comunicación. Para las personas analfabetas, éste es el único método inteligible para compartir emociones, pensamientos y experiencias.

En la magia, las palabras pueden ser usadas como una forma de comunicación entre los magos populares y su poder interior. Las palabras son pronunciadas a las hierbas, las velas y a las piedras, especialmente durante rituales diseñados para despertar y programar sus energías. Las mismas palabras no son pensadas, normalmente, para crear los cambios que se necesitan, aunque la interacción de las vibraciones (ondas de sonidos) con los objetos físicos puede ser un factor. Por el contrario las palabras son usadas para ayudar a fijar con exactitud la concentración del mago y para permitirle ejecutar esta acción mágica. En otras palabras, cuando un mago popular le habla a una vela, en realidad se está hablando a sí mismo.

La poesía es tal vez la más potente forma de un ritual oral. Ella toca y le habla a la mente inconsciente, a la mente de los sueños, a la parte psíquica y a la magia. Las palabras con rima son más fáciles de recordar y fluyen elegantemente durante la realización de los rituales. Por consiguiente han sido usadas durante largo tiempo en una gran cantidad de hechizos.

La importancia del uso de las palabras consiste en su habilidad para impregnar al mago popular con su propio estado mental y, una vez logrado, permitirá mover su energía. Las antiguas palabras de poder pueden resultar inoficiosas si no tienen sentido para el mago. Una simple composición de cuatro líneas en rima —si tiene significado para el mago— puede ser suficiente para producir el estado adecuado en la mente y hacer que el poder fluya.

El poder de las palabras el susurro de la respiración y el innegable efecto del sonido son instrumentos de la magia antigua.

Muchas otras técnicas y objetos son usados por los magos populares, en los que se incluyen:

- *Nudos*. Usados para representar la manifestación física de un hechizo o para brindarle protección a una persona o lugar.
- *Barro*. El cual puede ser moldeado en formas simbólicas.
- *Espejos*. Usados para reflejar la negatividad (el mal) y para despertar la conciencia psíquica.
- *Arena*. La cual es vertida dentro de imágenes específicas, parecido a la forma en que los indios Navajos crean pinturas de arena.
- *Agua*. Un instrumento de purificación.
- *Runas*. Símbolos antiguos o modernos que contienen energías mágicas específicas dentro de sus líneas.
- *Tinta*. Usada para crear figuras o para dibujar bosquejos de runas.
- *Comida*. La cual se prepara o cocina y se come para cambios mágicos específicos.

Muchos hechizos y rituales utilizan dos o más de los cuatro instrumentos básicos explorados en este capítulo. Por ejemplo, un simple ritual para inducir a la calma, puede necesitar de *velas, amatista*, un manojo de *pétalos de rosa* y una tranquila *canción*. Todo esto es usado de forma apropiada por el mago popular para obtener los resultados necesarios.

Instrumentos de poder

Los instrumentos de la magia popular son tan norma-
les como las piedras bajo nuestros pies, las velas en nuestros comedores y las hierbas que crecen en nuestros jardi-
nes y parques. Es sólo que gracias a los rituales mágicos,
estos objetos cotidianos se convierten en instrumentos de
poder en las manos de los magos populares.

CAPÍTULO 4

No hacer daño a nadie

En la cima desierta de una montaña, una maga popular mezcla cera de abejas tibia con ruda, romero y aceite de mirra. Inclinada sobre su trabajo, ella alisa y moldea la mezcla en una tosca figura humana. Veinte minutos más tarde ella ha obtenido con éxito la imagen de una mujer —la curva de sus caderas, la nariz larga, el cabello fibroso—.

La Luna se levanta en el oriente mientras que el Sol se oculta. La mujer enciende una pequeña fogata de serbal y lanza leña menuda de saúco al fuego. Mientras coloca la imagen al lado de la hoguera, el perfumado humo se eleva y rodea la cara de la maga popular. Sus ojos penetran al interior de la imagen ya caliente, mientras que ella, intencionalmente, lleva a cabo la visualización.

Lentamente levanta sus brazos, sintiendo que el poder va subiendo dentro de ella. Después de algunos momentos, y repentinamente, la mujer apunta sus dedos hacia la imagen. Una tremenda fuente de energía emerge de sus dedos hacia la pequeña muñeca de cera. Sin duda el poder ha sido enviado a la imagen y de esta forma a la mujer que ésta representa. La maga recoge la muñeca y regresa a casa.

El hechizo de sanación ha terminado

Una de las acusaciones más frecuentemente asignada a los magos populares y brujas, es que gastan la mayor parte de su tiempo clavando alfileres en muñecos. Ellos disfrutan, según dicen las personas ajenas al asunto, arrojando maleficios y maldiciones con el propósito de causar perjuicio, controlar, enfermar y hasta matar a los seres humanos.

Tal vez, en los cincuenta mil años, o más, que la magia popular ha sido practicada, hubo muy pocas personas que intentaron realizar tales actos, pero durante el mismo tiempo, millones de asesinatos han sido cometidos abiertamente por sacerdotes, monjes, reyes, reinas, jueces, jurados, alcaldes, altos oficiales de policía y por una enorme cantidad de gente común de cada procedencia religiosa. Muchos de los más brutales, horrendos y muy difundidos actos de genocidio fueron —y todavía son— practicados por sectas religiosas.

Los magos populares no usan la magia para estos propósitos. Esto no quiere decir que, con una mínima investigación, una persona que asegura practicar la magia puede llegar a estar de acuerdo con llevar a cabo un maleficio de muerte o algún ritual por el estilo; pero asesinos a sueldo y terrorismo político con trasfondo religioso también se puede encontrar.

Si aceptamos el hecho de que la mayoría de las personas que poseen armas de fuego no son asesinos ni van a convertirse en asesinos, debemos entonces aceptar el hecho de que la mayoría de magos populares no utilizan sus talentos para tales propósitos.

¿Sorprendido? Esto debe ser sorprendente porque usualmente asumimos que alguien con poder —espiritual o temporal— abusará de éste hasta el límite de sus capacidades. En los Estados Unidos hemos visto que se ha abusado del poder político por parte de la Casa Blanca; del poder religioso por parte de los tele–evangelistas y predicadores de pequeños pueblos y del poder legal por jueces y abogados. ¿No deberían los magos populares abusar también de su poder?

No. La mayoría de los más experimentados magos populares —no aficionados— reconocen que este mal uso de la magia no es el camino correcto. Ellos no consideran que nuestros problemas son engendrados por otros y que eliminando a alguien, nuestras vidas se volverán un paraíso.

Los magos populares comprenden que nosotros creamos nuestro propio futuro en cada segundo que vivimos. Las decisiones de hoy pueden tener lejanos efectos en nuestras vidas. Si permitimos que otros nos manipulen, si aceptamos casarnos con alguien a quien no amamos, si nos permitimos arruinar nuestras vidas, solamente tenemos que reprochárnoslo a nosotros mismos y no a los demás.

De este modo, la motivación de los magos populares para hacer el mal por medio de la magia no es procedente. Además los magos populares, en un gran número, se suscriben a un código de moralidad mágica, el cual acaba con cualquier violencia espiritual que pueda desearse hacer durante los arrebatos de confusión emocional.

Si los magos realizan magia efectiva, ésta los conducirá a que se sientan obligados a difundir el uso correcto de este poder. Porque los magos populares utilizan la energía de su propio cuerpo y también la de la tierra; ellos perciben que esta energía es más grande que la suya propia. Inclusive los magos populares sin sentimiento religioso o espiritual —para la magia popular no se es verdaderamente religioso por naturaleza— sienten la responsabilidad de utilizar bien este poder.

El poder trabajado en la magia popular es solamente eso —poder—. No es ni positivo ni negativo, ni bueno ni malo. Es la intención y la meta del mago, quien al trabajar con él determina si esta energía es usada para fines saludables o dañinos.

Los magos populares usualmente realizan magia por razones positivas. Aunque no sería del todo cierto decir que todos los practicantes usan la magia popular en formas no dañinas; de la misma manera como ocurre con la afirmación "todos los políticos usan su influencia para el beneficio de las mayorías" no es cierta. Sin embargo, estos pocos practicantes de la magia maligna están violando los principios básicos de la magia popular.

NO HACER DAÑO A NADIE

Esta premisa, la idea que subyace detrás de la mayoría de códigos de conducta religiosos y civiles, es universal. No hacer daño a nadie, significa tan solo eso —no a ti mismo, no a tus enemigos— a ninguno. Por lo tanto, el hecho de hacer mal incluye el daño físico, emocional, mental, espiritual y psíquico. La manipulación de otros (tal como el forzar a alguien a enamorarse de usted) es también un tabú, como lo es el hecho de lastimar la tierra y sus tesoros.

Los, tan renombrados, magos malignos sí existen, pero son escasos. ¿Por qué? Tal vez es porque ellos encuentran formas más sencillas y seguras de hacer su sucio trabajo. Es mucho más fácil golpear a tu enemigo, dormir con su esposa o esposo, robarlo o practicar chantaje, que practicar la magia destructiva.

Los practicantes de la magia negativa han terminado destruyéndose a sí mismos. Como hemos visto, la proyección de la energía personal en la magia es una extensión del poder interno del mago. Una vez el practicante ha dañado su fuente de energía, no hay retorno; la fuente se ha cerrado. Programar una vida de negatividad es preparar el terreno para una vida de oscuridad y, eventualmente, una temprana tumba. Los magos malignos se destruyen a sí mismos con sus propios maleficios.

La gran mayoría de los magos populares, sin embargo, trabajan con energías positivas de sanación y amor. Ellos hacen esto porque:

– *Los magos respetan la vida.* Todas las criaturas vivientes, incluido el hombre y los animales, son manifestaciones de poder universal. Como tal son respetados y amados, pero no maldecidos por existir.

– *Los magos respetan la tierra.* Durante mucho tiempo la Tierra ha sido venerada en religiones a través de toda la historia. La Tierra es respetada como la más intensa manifestación de energía divina dentro de nuestro alcance y es también un recurso de increíble poder, por eso, los magos caminan ligeramente sobre ella y no hacen nada para alterar su delicado equilibrio con hechos como la conclusión maliciosa de una vida o afligiendo con males a un ser humano.

– *Los magos respetan el poder.* Como una fuerza universal superior, el poder es inconcebible. La energía que dio origen a las galaxias, al ADN, a los seres humanos y a billones de formas de plantas terrestres e insectos, es algo que merece respeto. Es por ello que resultaría poco cuerdo la maldad en el poder. La mayoría de los magos populares no se asustan con el poder, lo respetan sabiamente. La reverencia hacia esta energía es la base de todas las religiones. Esto es lo que se ha denominado Dios, Yemaya, Diosa, Padre, Kuwan Yin y cualquier otra concepción humana de lo divino.

– *El poder enviado será recibido de la misma forma.* El ejecutar magia negativa o destructiva asegura que esa energía retornará al mago. La sanación, la paz y la prosperidad son energías inmensamente más agradables para recibir. Algunos magos aceptan la concepción de la "ley de tres", la cual establece que las acciones mágicas son retornadas con triple intensidad a quien ejecuta el poder. El hecho de realizar un ritual destinado a lastimar a otra persona —aún si no es efectivo— puede traer la muerte del mago.

– *La magia es amor.* Es un movimiento de energías de unas o más fuentes naturales para efectuar cambios positivos y de curación. Para que la magia sea efectiva, el mago debe tener amor por sí mismo, amar a los demás y amar la tierra. Sin estos sentimientos la magia se desactiva y desaparece, transformándose en una infusión de energía destructiva, la cual termina por destruir al mago.

Es difícil, ¿no es cierto? Pero es así de sencillo. La magia no es odio; la magia es amor. Si nos amamos a nosotros mismos estaremos dispuestos a mejorar nuestras vidas. Si amamos a nuestros semejantes estaremos dispuestos a ayudarles a encontrar el amor, la salud y la felicidad. Si amamos la tierra estaremos dispuestos a trabajar para curarla de la destrucción que han originado cien años de "progreso".

Los magos populares no hacen el mal. Ellos no trabajan la magia para cambiar la vida de las personas, aún aparentemente de manera positiva, sin recibir primero el permiso para hacerlo. Los rituales de sanación no son intentados sin el conocimiento del enfermo. Los magos populares no van a generar ondas vibratorias para atraer el amor alrededor de una persona solitaria sin preguntárselo primero.

Para quienes han construido la idea de que la magia es la última fuerza en contra de la humanidad, estas verdades pueden ser aburridas —pero la verdad, con mucha frecuencia lo es—.

Mientras amplias audiencias miran maldiciones y hechizos de muerte pasando por pantallas o en libros baratos, los magos populares continúan felizmente difundiendo el amor, la salud, la prosperidad, la paz y la seguridad en sus propias vidas y en las de quienes han recurrido a ellos.

Ellos hacen esto porque aceptan la regla básica de la magia —no hacer daño a nadie—.

CAPÍTULO 5

OTRAS FORMAS DE MAGIA

*E*n la actualidad existen muchas formas de magia y la magia popular es tan solo una de ellas. Las otras dos clases principales —*ceremonial* y *religiosa*— están fuera de nuestra definición de Wicca (brujería). Sin embargo, debido a que normalmente son mezcladas con todas las otras prácticas ocultas bajo este mismo rótulo, una breve mirada a ellas nos puede servir para aclarar algunas malas interpretaciones.

MAGIA CEREMONIAL

La magia ceremonial (o ritual) es un sistema contemporáneo construido sobre tradiciones antiguas y recientes. Está basada en la magia sumeria, egipcia, india y semítica, con influencias de la arábica y, más tarde, con pensamiento cristiano. La francmasonería también contribuyó a la conformación de su estructura actual, así como lo hicieron las sociedades secretas que fueron populares en Gran Bretaña y por toda Europa en los siglos XVIII y XIX.

Contrariamente a lo que dice la opinión popular, a los magos ceremoniales no se les atribuyen la evocación de los demonios ni el hecho de robar anillos mágicos de monstruosos espíritus en formas de cabezas que vuelan. Ellos no poseen alfombras voladoras, ni establecen sus residencias en cuevas y no disfrutan clavando espadas en víctimas indispuestas, ni tampoco tienen diablillos como compañías. Lo más importante es que ellos no tienen conexiones con la brujería, excepto en la mente de aquellos que desconocen acerca del tema.

Las estructuras del ritual, la terminología y los objetivos de la magia ceremonial normalmente, aunque no sucede siempre, están enfocadas en relación con lo divino, con la perfección y con la expansión del conocimiento o, como se describe corrientemente, "conocimiento del y la conversación con el santo ángel guardián del mago".

Esto resulta ser una meta espiritual supremamente encumbrada, ¿no es cierto? Esto establece una de las diferencias importantes entre la magia ceremonial y la magia popular. A diferencia de la última, los rituales de los magos usualmente no conciernen con el objetivo de la magia popular: el amor, la curación, el dinero, la felicidad y la protección. Cuando estas necesidades son dirigidas a través de la magia ceremonial (como sucede en el caso de la creación de un talismán), usualmente, esto es como el medio para conseguir el fin —el logro de la unión ya mencionada con anterioridad—. En contraste, los magos populares resuelven problemas en sus vidas con rituales y raramente miran más lejos.

Algunos magos ceremoniales están organizados en grupos llamados *logias* u *órdenes* (tales como el famoso Golden Dawn) y recurren a la antigua religión egipcia cuando inventan sus trabajos mágicos. Muchos de los rituales utilizados por un grupo disidente de esta logia mágica, a finales del siglo XIX, han sido publicados en *The Golden Dawn*, por Israel Regardie, uno de los más influyentes libros de magia que han sido impresos (ver Bibliografía).

Otros magos se acomodan a sí mismos en otras religiones ortodoxas. Los clásicos de brujería o los libros de trabajos mágicos de la Edad Media y del Renacimiento incluyen invocaciones a Jehová, Adonai y Dios y, utilizan una extensiva terminología judío–cristiana. Esto no significaba herejía ni burla, sino sencillamente el producto de una interpretación diferente de los mitos del cristianismo. Esto está muy alejado de la magia popular, en la cual el poder es lanzado delante sin invocación de una deidad.

Los magos ceremoniales tienden a ser bastantes individualistas. Muchos practican sus artes en absoluta soledad, pasando largas noches leyendo antiguos textos, preparando sus "instrumentos del arte" y aprendiendo latín y griego para una mejor ejecución de sus rituales.

Los magos ceremoniales estudian los trabajos de Aleister Crowley, junto con algunos de William Gray, John Dee, Franz Bardon, Agrippa, Dion Fortune y muchos otros autores. Algunos exploran en detalle la alquimia, la geomancia, la magia enoquia y otras materias similares o como el principal campo de sus estudios.

Los magos ceremoniales son simple y llanamente seres humanos que no sólo están trabajando con energía (por ejemplo realizando magia), sino que, además, están investigando algo más grande que ellos han sido incapaces de encontrar en las religiones ortodoxas. Ellos tienen tras de sí largas y coloridas historias llenas de relatos fantásticos y de ritos exóticos. Ellos no son brujos.

MAGIA RELIGIOSA

La magia religiosa es la que se ejecuta en nombre de o con la ayuda de Dios. Ello ha sido practicado por la gente en todo el mundo y en todas las épocas de la historia y aún tiene un vigoroso seguimiento.

En la antiguedad, los dioses, representados en los campos, las montañas, las praderas y los bosques, eran invocados durante la magia. La Luna y el Sol eran concebidos como divinidades (o por lo menos como símbolos de los dioses) y eran invocados durante el ritual mágico. Tal vez ésta fue la forma más pura de magia religiosa conocida en esos tiempos.

La oración es el clásico ejemplo de la quinta esencia: cuando alguien reza fervientemente por su salud, por su pareja o por sus hijos, dirige su energía personal a través de la oración y hacia Dios. La persona involucrada emocionalmente en la oración "programa" la energía para que sea enviada hacia el objetivo. El resultado que se espera es, por supuesto, una manifestación positiva por lo cual se le rezó.

A menos que la persona que reza esté entrenada en magia, no se enterará conscientemente de que este proceso está llevándose a cabo. Esto no es importante. Las oraciones ofrecidas por personas devotas de cualquier religión son a menudo contestadas. El estado emocional de la persona y la creencia en su deidad determinan la efectividad de la oración.

¡Sacrilegio! No, simplemente explicación.

La magia religiosa no sólo es practicada exclusivamente por seguidores humildes de una religión. Los sacerdotes, los ministros y otros también la ejecutan y, además, la magia es una parte integral de muchas religiones de la actualidad, incluyendo la religión cristiana.

Otras sectas cristianas con menos tendencias a desarrollar rituales, utilizan la oración y la música para avivar una verdadera fusión entre el poder personal en concordancia con ese aspecto de lo divino. Los promotores de cultos religiosos y los predicadores cristianos carismáticos conocen muy bien estos secretos y los usan efectivamente para elevar el nivel de conciencia de sus seguidores hacia un estado espiritual más alto.

Algunos individuos creyentes —inclusive los cristianos— desde hace mucho tiempo han llevado elementos de la magia popular a su religión y han creado una nueva forma, una incorporación del simbolismo religioso con las prácticas de la magia popular.

En la antigüedad se preparaban hechizos de hierbas para proteger a las personas mientras se cantaban viejos estribillos, llamando a las diosas de la curación y facultando a la planta a realizar su sacrificio para el beneficio del enfermo.

Después de que el cristianismo alcanzó el poder, las hierbas fueron substituidas por oraciones a Jesús, a Dios o a la virgen María. Los santos, con mucha frecuencia, fueron invocados (al menos por católicos). Los vestidos eran adornados con una cruz tejida, símbolo de la nueva religión, que fue a menudo considerada como poseedora de poderes mágicos (testimonios de sus supuestos efectos en vampiros). Finalmente el hechizo fue llevado a una iglesia en donde se bendijo.

Un ejemplo extremo de la creencia de la gente en los poderes de la iglesia, es la práctica común medieval de robar hostias de las iglesias católicas para usarlas en los hechizos de protección, en los rituales de curación y cosas por el estilo. *Esto no fue hecho por brujas, pero sí por personas que habían olvidado la magia popular y se habían cambiado a la nueva fe. Las brujas tienen su propia magia.*

Muchas formas de magia religiosa todavía están presentes. El hecho de encenderle una vela a un dios y pedirle un favor es otra forma de magia religiosa, así como cualquier otra forma llevada a cabo con súplicas o invocaciones de poderes más desarrollados como ocurre en la moderna magia de la Wicca.

Naturalmente la magia religiosa está desaprobada por los directores religiosos; la mayoría juzgan impropio que los humanos tengan que practicar magia.

El vaticano no puede estar muy feliz por el hecho de que muchos mexicanos–americanos usen medallas con la imagen de un santo para un propósito mágico. Pero aquí no termina la práctica. Los rituales que involucran a las deidades africanas antiguas son realizados en las escaleras de las iglesias en Haití, Detroit y Nueva Orleans. Las imágenes de santos se acomodan junto con las de Changó y Yemaya en decenas de miles de altares domésticos en los Estados Unidos y Latinoamérica.

La magia religiosa de esta clase es común en los Estados Unidos. La Biblia es usada para adivinar el futuro; las cruces son vistas como amuletos de protección; los salmos son recitados para atraer el amor, la salud y la felicidad; las imágenes de Jesús, María y San Cristóbal adornan el interior de los autos. Miles de hechizos, de esta clase son usados diariamente por personas de credos ortodoxos.

Cualquier forma de magia popular puede ser ejecutada por magos ceremoniales o dentro de contextos religiosos. Cuando esto se hace termina por convertirse en magia popular.

Recuerde que las prácticas descritas en este capítulo no son de magos populares o de brujas. Ellos no usan símbolos cristianos en sus rituales porque muchos otros están disponibles, ni tampoco roban nada de iglesias porque no creen en estas doctrinas. Generalmente no rezan a las divinidades egipcias ni a los dioses griegos. Aunque ellos están consientes de la naturaleza espiritual y del uso de la energía en la magia popular, usualmente no la adoran en rituales específicamente estructurados para ello. Los practicantes de la Wicca en realidad lo hacen, pero los magos populares no.

Los magos populares *trabajan* con los poderes de la naturaleza para mejorar sus vidas y la de sus seres queridos. Las personas que practican diversas religiones veneran estas energías y la adoración es a menudo el único rito mágico que ellos practican.

CAPÍTULO 6

Rituales sencillos de magia popular

*L*a experiencia humana está llena de numerosos obstáculos. Todas las personas parecen tener problemas de dinero, de amor, de salud o de protección. Muchos hemos tenido momentos en los cuales hemos estado cerca de perder la esperanza, por no librarnos de los problemas que nosotros mismos hemos creado.

Algunas personas se dan por vencidas, otras rezan para conseguir respuestas o milagros y algunas, lamentablemente, deciden que este mundo no es para ellos y terminan con sus vidas. Otros, sin embargo, encuentran el método para tomar el control de sus vidas.

Como hemos visto, la magia popular es el movimiento de las energías naturales para traer el cambio que se necesita. Este es el medio por el cual podemos tomar el control de nosotros y de nuestras vidas, cambiando así lo negativo en positivo, además, nos permite transformar la pobreza en prosperidad, la enfermedad en salud, la soledad en amor y el peligro en seguridad.

Aunque este libro no es una cartilla de magia popular (vea la bibliografía para algunas recomendaciones), algunos pocos rituales sencillos están ciertamente garantizados aquí. Estos rituales pueden ser realizados por cualquiera que tenga un problema y desee solucionarlo —no por el uso de fuerzas sobrenaturales pero sí con el uso de las *energías reales* de la naturaleza—. Aquellos que nunca pensarían en realizar estos ritos simplemente los leen y al hacerlo, aprenden algo más sobre los métodos y las formas de la magia popular. Una de las técnicas para quitarle el misterio a un tema es revelarlo.

Las siguientes secciones tratan dos problemas comunes de la vida diaria: el amor y el dinero. Los rituales sencillos se ofrecen para solucionar estos problemas. Estos no son hechizos antiguos, pero funcionarán si son realizados con el cuidado necesario.

Así como un aparato reproductor de discos compactos tocará la misma canción una y otra vez, a menos que el comando sea cambiado, de la misma forma debemos cambiar muchas cosas en nosotros para aceptar las nuevas energías despertadas durante la magia. Este cambio siempre empieza dentro de la mente. Haga este cambio (como se sugiere en las discusiones que aparecen más adelante) y la magia popular tendrá la oportunidad de ser más efectiva. El rehusar hacer el cambio es equivalente a buscar el fracaso.

Para estos sencillos rituales no se necesitan ingredientes extraños —no se trata de cuernos de unicornio ni de plantas raras—. Solamente se necesitan materiales básicos como velas, flores, un espejo y monedas, el resto depende de usted. Si no siente la necesidad o el deseo de practicar la magia popular, está bien. Usted se dará cuenta cuando llegue el momento.

La magia popular es un emocionante instrumento de auto cambio; es el patrimonio de cada ser humano, es un medio de comunicación con nuestro más profundo ser y con nuestro planeta —un instrumento que podemos utilizar para el desarrollo de nuestras vidas hacia la construcción de experiencias inmensamente satisfactorias—.

AMOR

Resulta triste pensar como mucha gente está buscando desesperadamente amor —normalmente en los lugares equivocados—. Esas personas lo buscarán en los ojos de seres extraños, en los bares y en las fiestas; lo buscarán en las calles y en los almacenes de víveres. Los pensamientos de amor pueden consumir sus vidas enteras a costa de cualquier otra cosa. Cuando por fin lo encuentran, el amor es muy efímero —una cena íntima, unas pocas noches de calor erótico, unas llamadas telefónicas y algunos almuerzos—. Luego, tan pronto como sienten temor, llega el fin y su mundo es aplastado. Entonces no pueden continuar sin amor, así que reanudan su búsqueda, convencidos de que en algún lugar encontrarán el compañero ideal.

El amor es una droga.

Debemos hacer cambios en nuestro interior para encontrar el amor. Si no nos amamos a nosotros mismos, en realidad no podemos esperar que otros lo hagan. Si nosotros no tenemos nuestras propias vidas en común unión no podemos introducir a alguien más a la propia. Si no tenemos nada que ofrecer a otra persona ¿por qué tendrían ellos que molestarse en ofrecerse ellos mismos para nosotros?

¿Psicología? Seguro. El pensamiento es una forma de poder. Nuestras vidas son fuentes de energía. Al cambiar nuestros pensamientos cambiamos nuestras vidas, creando así nuevos patrones de energía y atrayendo a otras energías que se necesiten.

Si programamos nuestras vidas con amor, el amor retornará a nosotros. Si ponemos nuestros asuntos en orden y tomamos un interés activo en nuestras vidas, éstas marcharán en una forma más balanceada. Si cultivamos intereses —aquellos que no estén relacionados al amor o a nuestros trabajos— nos volveremos personas más generosas con mucho más para ofrecer a los demás.

Esta es una técnica sencilla. Vive tu vida enteramente de cualquier manera dentro de tus medios e intereses. Descúbrase a usted mismo de modo que pueda compartir esto con los demás. Siga conociendo nuevas personas, tanto hombres como mujeres, continúe buscando, por su puesto, pero debe tener en cuenta que puede esperar hasta que la persona correcta llegue a su vida.

Mientras tanto, realice este hechizo cuando lo considere conveniente. Cuando sienta que empieza a retroceder en su actitud obsesiva por el viejo amor, ejecute esta magia. Cuando sienta dolor y anhelos de relaciones pasadas, ponga en práctica esta magia. Cuando sienta que no puede continuar otro día sin un amor en su vida, practique esta magia. Luego permita que ella produzca su efecto dentro de usted.

PÉTALOS DE AMOR

Sólo dos instrumentos mágicos se necesitan para este ritual: un pequeño espejo y flores frescas. Estas pueden ser margaritas, claveles, violetas, lilas o gardenias, pero las rosas de cualquier color son mejores. Si utiliza rosas quíteles las espinas de los tallos.

Compre o recolecte siete u ocho tallos de la flor seleccionada. Si usted mismo la corta, agradézcale a la planta su sacrificio a través de palabras o acciones que estime pertinentes. Recuerde —la naturaleza es una fuente de poder, los magos la respetan—. Desarrolle este ritual cuando esté solo y no vaya a ser interrumpido. Descuelgue el teléfono, no responda a la puerta —regálese este tiempo para usted mismo—.

Puede vestir ropa normal, aquella con la que duerme o al desnudo. Haga lo que considere más natural.

Coloque las flores en una vasija o florero grande, ubique cerca un pequeño espejo en una posición de manera que pueda verse la cara en él. Siéntese o arrodíllese cómodamente ante las flores, tome una flor del florero, frótesela sobre la cabeza, el cabello o las orejas. Muévala de arriba hacia abajo contra sus mejillas y contra su barbilla. Mientras hace esto, dispóngase para recibir las energías del amor que la flor está irradiando sobre usted.

Cierre los ojos y roce suavemente sus párpados con la flor. Diga estas palabras:

Veo el amor.

Mueva la flor un poco más hacia abajo. Huela su delicada esencia. Absorba su aroma. Permítale que le inunde el alma. Diga:

Respiro amor.

Abra los ojos. Retire la flor de su cabeza. Diga:

Sostengo amor.

Baje más la flor hasta que le llegue a la parte de su corazón. Frótela de arriba hacia abajo como si estuviera arrullando, permitiendo que sus energías se mezclen con las suyas. Diga:

Siento amor.

Bájesela hasta el estómago. Presiónela suavemente contra su piel o contra su vestimenta. Diga:

Irradio amor.

Sosteniendo todavía la flor en la mano, enfrente de usted, contemple su imagen en el espejo. Diga estas palabras o unas similares:

El amor está enfrente de mí.
El amor está por detrás de mí.
El amor está a mi lado.
El amor está encima de mí.
El amor está debajo de mí.
El amor está dentro de mí.
El amor fluye de mí.
El amor viene hacia mí.
Estoy enamorado(a).

Deje las flores en un lugar donde las pueda ver varias veces al día. Si le es posible colóquese o lleve con usted la flor que utilizó en el ritual. Cuando empiece a marchitarse, sepúltela bajo tierra, agradeciéndole por sus energías y prepárese tanto para recibir como también para dar amor.

EL DINERO Y LA PROSPERIDAD

En el pasado los objetos físicos de valor eran usados en lugar del dinero: piedras preciosas, lingotes de cobre, unas barras de oro, un dólar de plata. En el mundo de hoy, el dinero es usualmente artificial. Los gobiernos imprimen dibujos y números en pedazos de papel. Todos estamos de acuerdo con el hecho de que el papel moneda vale cantidades especificas y puede ser comercializado para la adquisición de muchos bienes materiales y servicios. De la misma forma, los metales sin un virtual valor, son cubiertos de finas capas de cobre y plata y luego grabados con números y dibujos. Algunos países acuñan monedas de aluminio.

Si aceptamos que estos pedazos de papel representan 10 ó 100 dólares, entonces debe ser evidente que el dinero es un estado de la mente. Un extraterrestre en nuestro planeta enfrente de diez millones de dólares americanos, no vería su valor, sino simples símbolos grabados sin ningún significado.

Esto es importante —la riqueza y la prosperidad son estados de la mente—. Ni todos los hechizos que existan en el mundo para conseguir dinero nos traerían más riqueza hasta que hayamos aprendido a detener el temor que infunde el dinero y las responsabilidades que suscita.

Así que antes de intentar el siguiente ritual, modifique su mentalidad frente al dinero. Si en realidad necesita dinero, intente *desearlo* también. Si sencillamente desea dinero, mire también qué tan verdaderamente lo necesita, en qué forma puede ayudarle a mejorar su vida y la de aquellas personas que ama.

Acepte el dinero en su vida aún antes de tenerlo, prepárese para recibirlo. Dele la bienvenida con los brazos abiertos, luego empiece.

UN HECHIZO DE PLATA

Este ritual toma una semana para realizarse. Coloque un pequeño recipiente de cualquier material en un lugar que sea de cierta importancia dentro de su casa, un lugar por donde transite todos los días. Durante siete días, cada día coloque una moneda de cualquier denominación dentro del recipiente.

Luego consiga una vela verde, no importa que sea de cualquier tonalidad de verde. Cómprela en un almacén de velas, en un almacén de artículos místicos, en una ferretería o en un supermercado, puede ser una vela votiva, delgada o columnar.

Antes de iniciar, fíjese en la mente la idea de que usted es una persona próspera. Mire el dinero como si no se tratara de un problema. Imagínese que el dinero le llega cada vez que lo necesita.

Coloque la vasija con las monedas, la vela verde y un candelabro en una superficie plana, tome la vela en sus manos y sienta el poder del dinero, sienta los caminos que se le abrirán cuando lo consiga. Sienta la energía dentro del dinero, esa misma que los seres humanos le hemos dado. Coloque la vela en el candelabro. Vierta las siete monedas en su mano izquierda (o derecha si es zurdo). Va a hacer un círculo rodeando la vela con las monedas. Coloque la primera moneda directamente enfrente de la vela. Mientras las coloca diga las siguientes palabras o algunas similares:

El dinero fluye.
El dinero brilla.
El dinero crece.
El dinero es mío.

Repita esto seis veces más, hasta que haya creado un círculo alrededor de la vela con siete resplandecientes monedas.

Mientras dice las palabras y coloca las monedas, tenga en cuenta que no está simplemente recitando y jugueteando con piezas de metal, está trabajando con poder —ese mismo que le hemos dado al dinero, así como también con el que está dentro de usted—. Las palabras también tienen energía como ocurre con la respiración en las que ella fluye.

Cuando ya haya completado todo esto, encienda la vela. No vaya a prenderla con un encendedor. Encienda un fósforo y agárrelo del extremo de la mecha. Mientras se va encendiendo, chisporrotea, derrite y aumenta como una llama brillante, mire la energía del dinero que arde allí. Mire la energía del dinero fluyendo de las siete monedas por encima de la llama de la vela y luego a través de la atmósfera.

Apague el fósforo, colóquelo en un recipiente a prueba de calor y ubíquese delante de la vela ardiente y del dinero. Sienta la sensación del dinero en su vida, visualizando (visualícelo con los ojos de la mente) una vida de suficiente dinero disponible —una vida en la que las cuentas y las deudas se pagan rápidamente y el dinero nunca será un problema—.

Mírese a usted mismo invirtiendo sabiamente dinero, invirtiendo para sus futuras necesidades. Mira el dinero como un inevitable y bello aspecto de su vida.

Extermine cualquier pensamiento de deuda, de impuestos y de cobros. Usted puede lograr este cambio, simplemente concéntrese en que así será.

Después de diez minutos aproximadamente, salga del lugar. Deje que la vela se consuma en el candelabro (no vaya a utilizar uno de madera). Después de un rato recoja las monedas, colóquelas de nuevo en el recipiente y "aliméntelo" con algunas monedas durante todos los días, a partir de ese momento.

El dinero le llegará.

SEGUNDA PARTE

WICCA

CAPÍTULO 7

LA RELIGIÓN WICCA

*U*n grupo de personas se reúne en una colina arborizada, al lado del río Missouri. Las estrellas titilan y resplandecen alrededor de la Luna llena en la parte más alta de los árboles que circundan el lugar. En medio de los antiguos robles, las luciérnagas zumban y hacen destellar sus luces espectrales. El aire de la noche todavía está calmado.

Cuarenta personas rodean una resplandeciente hoguera, cogidos de las manos, centran su atención en la mujer que se encuentra frente al fuego. Dejando ver apenas su silueta por efecto de las llamas que saltan, ella empieza a ejecutar una invocación a la diosa.

Las palabras, que al principio son muy suaves y se van haciendo cada vez más fuertes y más claras, brotan de sus labios diciendo: "Diosa de la Luna. Tú, la que tienes todo el poder; nos reunimos aquí en esta noche de Luna llena para rendirte un homenaje".

Las ramas se quiebran en medio del fuego de la hoguera.

"Dios del Sol, el magnífico. Tú, posees todo el poder..."

La invocación termina. La mujer levanta sus manos hacia el cielo, al tiempo que el grupo empieza a moverse en círculos, en el sentido de las manecillas del reloj y a un ritmo lento.

Las personas que están ahí —algunos vestidos con mantas encapotadas para cubrirse la cabeza y otros en traje de calle— aligeran el ritmo de sus pasos. Canturrean en un tono bajo y monótono; sus palabras son incomprensibles al principio.

La madera cruje. Los rayos de la Luna van decayendo. Los pies descalzos se mueven en medio de la maleza. Ahora el movimiento es rápido. Cada vez más rápido. El grupo, prácticamente vuela alrededor de la hoguera y la mujer se para en medio de ellos mientras que todos dirigen sus mentes hacia su propósito específico.

Después de un rato, la mujer ordena detenerse. Instantáneamente el grupo se detiene y sus miembros, en forma simultánea, señalan con sus manos hacia la silueta de la mujer. Ella resplandece, irradia, se estremece y dirige la energía que han proyectado entre todos hacia ella, hacia la diosa, quien está representada a través del orbe brillante en el cielo.

Completamente agotados, el grupo se sienta sobre la tierra. Mientras observan el fuego, hablan, se ríen y pasan vino y pedazos de torta en forma de media luna para beber y comer.

El ritual ha finalizado.

La magia popular es solamente la mitad de lo que se conoce con el nombre de brujería. La otra mitad es la religión conocida como Wicca. Hay al menos cinco aspectos importantes por los cuales la Wicca se diferencia de otras religiones. Estos son:

– Adoración de la diosa y del dios.
– Reverencia por la tierra.
– Aceptación de la magia.
– Aceptación de la reencarnación.
– No hay participación en actividades proselitistas.

Los practicantes de Wicca veneran a la diosa y al dios. Según su punto de vista, las religiones occidentales actualmente están fuera de equilibrio. La divinidad se refiere normalmente a dios (en oposición directa a la diosa). Dios padre es un término común. El concepto de varón "salvador" que desciende directamente de las divinidades masculinas, es bastante difundido inclusive por fuera del cristianismo. Los representantes de estas organizaciones —sea en condición de oficiales, religiosos, sacerdotes o ministros— son usualmente masculinos, aunque esta situación ya está cambiando poco a poco. Para resumir, la religión contemporánea de Occidente enfoca buena parte de su atención en la masculinidad.

Los practicantes de Wicca son diferentes. Ellos ven la naturaleza como una manifestación de lo divino, por esta razón es que sostienen que una divinidad masculina venerada sin una deidad femenina es, en el mejor de los casos, efectiva solamente en un cincuenta por ciento. Los dos sexos existen en la naturaleza. Si la naturaleza es una manifestación de la divinidad, entonces la divinidad también se manifiesta en formas masculinas y femeninas. Por lo tanto la práctica actual de la Wicca, normalmente (aunque no siempre), está centrada en venerar a la diosa y al dios, a los dos —no al uno, ni al otro por separado—.

A pesar de que este concepto puede parecer sorprendente en el mundo de hoy, ciertamente no constituye algo nuevo. Las religiones antiguas están llenas de divinidades de ambos sexos y hoy en día las religiones de muchas partes del mundo están en concordancia con este concepto.

Es así como Wicca es una religión basada en la veneración de estas dos divinidades: la diosa y el dios. Con mucha frecuencia, se han llegado a considerar como energías gemelas o manifestaciones no físicas del poder, aspecto que ya fue discutido en la primera parte de este libro.

La religión Wicca está en total armonía con las prácticas y principios de las antiguas religiones. Esto no significa que constituya un paso hacia atrás. La Wicca ha transformado su estructura para hablar el lenguaje de estos tiempos. Tampoco es una bofetada al cristianismo o a cualquier otra religión contemporánea basada en la masculinidad. La Wicca es una religión alternativa y que satisface a sus adeptos.

La tierra es un organismo viviente, un regalo de las divinidades. Otras religiones predican que la tierra es un mundo de ilusión; un lugar donde se acumulan créditos que serán cobrados después de la muerte o, simplemente, un instrumento que los humanos pueden y deben "dominar y someter". Los practicantes de Wicca, en contraste con esos pensamientos, respetan la tierra.

Muchos miembros de la religión Wicca pertenecen a organizaciones o grupos ecológicos dedicados a detener el sacrificio irracional de animales para el embellecimiento de los seres humanos; también pueden promover la eliminación y el uso de los reactores nucleares, los cuales tienen la capacidad real para causar muchos más perjuicios que beneficios; además se oponen contra quienes derriban árboles y cubren acres de tierra con concreto y asfalto en nombre del desarrollo.

Como ellos ven la tierra como una manifestación de la diosa y del dios, los practicantes de la Wicca se interesan por su bienestar: prestan su energía humana para ayudarla a recuperarse de los estragos que la humanidad ha causado sobre ésta. En este sentido, Wicca es en verdad una religión de la tierra.

La magia, como hemos visto, juega algún papel significativo en la mayoría de las religiones. La religión Wicca le ha dado un lugar más prominente. La Wicca no es una magia religiosa, aunque sus seguidores ciertamente la practican; tampoco es una religión mágica. La Wicca es una religión que utiliza la magia y la recibe como una oportunidad para armonizar con lo divino, con lo terrenal y con las energías humanas.

Debido a que la Wicca es verdaderamente una religión, la magia asume un papel secundario en sus rituales.

Aun si el rito es realizado con un propósito mágico específico, la diosa o el dios siempre son invocados antes de que el poder sea enviado.

Los aspectos mágicos de la Wicca confunden a los ajenos a la misma tal vez porque en la mayoría de las otras religiones se considera que solamente sus sacerdotes o predicadores son capaces de, para decirlo en una sola palabra, canalizar las energías divinas. La Wicca no es tan exclusiva; ella entiende la magia como una parte natural de la vida y de la religión.

La reencarnación es una antigua doctrina que la mayoría de los seguidores de la Wicca admiten como cierta. Básicamente la reencarnación es la doctrina del renacer —el fenómeno de repetidas encarnaciones en la forma humana para permitir la evolución de la asexual y eterna alma humana—.

Mientras que la teoría de la reencarnación no se considera como un concepto exclusivo de los practicantes de Wicca, sí es aceptada por ellos debido a que ésta responde a muchas preguntas de la vida diaria y ofrece explicaciones a fenómenos místicos tales como la muerte, el nacer, y el karma.

Algunos dicen: "¿Reencarnación? ¡Bah! ¡Son solamente tonterías orientales!". Es verdad que la reencarnación es más conocida como una doctrina originada en lo que hoy conocemos como India, sin embargo, la idea misma es probablemente tan vieja como la existencia humana.

Una semilla cae sobre la tierra, brota y se abre a la vida, las hojas se despliegan, los retoños crecen y se revientan en flores, las semillas caen a la tierra, la planta se debilita y muere, pero en la próxima primavera otra planta se levantará del suelo.

La doctrina de la reencarnación puede haberse originado en la observación de los procesos de la naturaleza, tal como el anterior; pero aquellos que lo han aceptado como una realidad, incluyendo a muchos practicantes de la Wicca, lo han encontrado como reconfortante.

La quinta principal diferencia entre la Wicca y la mayoría de las religiones es que ésta no es proselitista. Nunca una persona es presionada para convertirse en practicante de la Wicca. No existen amenazas de eternos fuegos en el infierno ni de condenación, ni tampoco existe la retribución por no practicar la Wicca. La diosa y el dios no son individualidades celosas y los practicantes de la Wicca no son asustados ni sometidos por ellos. Los candidatos que se inician (de lo cual se hablará con más detenimiento en el capítulo nueve) no son censurados o rechazados por sus antiguas creencias. La Wicca no es un culto lava cerebros ni un controlador humano enmascarado en forma de religión.

Los practicantes de la Wicca no reclutan nuevos miembros. No existen misioneros de la Wicca, no existen "testigos" ni grupos de enganche de la Wicca.

Esto puede ser sorprendente para aquellos que pertenecen a las organizaciones de religiones ortodoxas, pero se basan en su válido y verdadero concepto, el cual es la antítesis de la mayoría de las doctrinas religiosas.

No hay una religión correcta
para todos los seres humanos.

Tal vez no sea correcto decir que la más elevada forma de la vanidad humana es asumir que su religión es el único camino a dios —que todos la encontrarán tan satisfactoria como usted lo concibe y que aquellos que tengan creencias diferentes están engañados, descarriados o simple y llanamente son unos ignorantes—.

Es entendible el por qué la mayoría de las religiones y de sus seguidores piensan así, como también por qué participan en la conversión de las masas. Al encontrar más participantes en sus creencias, restablecen la autenticidad de su fe. Algunos miembros de las religiones ortodoxas están más preocupados por el alma de los no creyentes, pero esto se basa, más que en cualquier otra cosa, en su religión de enseñanzas intolerantes.

Otro aspecto de la proselitización está relacionado directamente con la política. Si la religión "A" convierte al país "B", ésta incrementa su poder político y financiero en ese país. Lo mismo ocurre, de manera verídica, con las personas de importancia. Las religiones ortodoxas tienen influencia de mucho alcance en las esferas del gobierno y las finanzas. Los candidatos políticos respaldados por las principales religiones son frecuentemente elegidos y luego proponen legislaciones que apoyan el interés de esa religión. Todo esto puede ser malicioso (los votantes pueden no saber la verdadera razón o el verdadero alcance de los vínculos entre el candidato con la organización religiosa) pero los efectos son los mismos.

El dinero es también un poderoso incentivo para tener una cobertura sobre todo el mundo. Actualmente, las religiones organizadas en los Estados Unidos obtienen billones de dólares libres de impuestos cada mes. Es cierto que parte de este dinero es gastado en causas caritativas, pero la mayor parte del mismo va directamente a la burocracia del credo, llenando las cuentas de ahorros de los particulares que lo manejan. Así que entre más adeptos existan, mayor será la cantidad de dinero.

La Wicca en realidad no es así; no está organizada con este propósito. Los grupos nacionales existen pero es, principalmente, por razones sociales y, algunas veces, legales. Las reuniones generales de los miembros de la Wicca pueden atraer a cientos de personas, pero las congregaciones locales generalmente cuentan con menos de diez miembros y muchos de ellos practican su religión de manera aislada, es decir, sin estar afiliados a ningún grupo en particular.

Los practicantes de la Wicca no constituyen ninguna institución financiera ni tratan de convertirse en una de ellas. Los principiantes no pagan dinero para iniciarse. Sí existen pequeñas tarifas que son similares a las cuotas que bien podrían ser solicitadas en cualquier grupo para pagar los materiales, los refrigerios, etc.

Así que las historias de los practicantes de la Wicca (léanse brujas) pertenecientes a una organización mundial con el propósito de gobernar el mundo, son falsas, como también lo son las mentiras acerca de los miembros de la Wicca que tratan de coaccionar a otros para formar parte de su religión.

No se preocupe. Los practicantes de la Wicca no están rondando por las calles tratando de forzar al pequeño Juan para unirse a una determinada congregación, o para estafar a la tía Sara para robarle los ahorros de toda su vida.

Ellos están contentos de practicar su religión a su estilo propio —ya sea de manera individual o con unos cuantos más— y están conscientes de las diferencias entre la Wicca y las demás religiones, así como también de la meta definitiva y última de todas ellas: la unión con dios.

CAPÍTULO 8

La diosa y el dios: los aspectos divinos de la religión Wicca

*C*uando cursaba el quinto o el sexto grado, leí un libro sobre las religiones griega y romana. Después de describir antiguos rituales dedicados a los gustos de Diana, Pan, Demetrio, Zeus, y Proserpina, el autor manifestaba lo siguiente: "Por supuesto que ya nadie venera a estos dioses en la actualidad".

Aún a esa temprana edad de mi vida recuerdo haberme preguntado "¿por qué no?".

Muchos otros han sentido lo mismo. La dominación masculina de la religión monoteísta tiene que abrirle paso al expansivo interés en la Wicca y en otras religiones politeístas. Decenas de miles de personas de todas las condiciones sociales armonizan con divinidades relacionadas con la Tierra, con el Sol y la Luna, con el mar y con los vientos.

Muchas de estas personas se adhieren a la Wicca y al hacerlo encuentran una religión que expresa sus ideales. Los rituales, los símbolos, los instrumentos, las canciones y las danzas sirven para homenajear a los dioses. La magia se usa para crear un fundamento común donde los humanos realizan sus relaciones con lo divino. Sin embargo, una relación personal con la diosa y con el dios es la finalidad de la Wicca.

El hecho de mencionar los aspectos religiosos de la Wicca, puede conllevar al surgimiento de algunas preguntas: ¿Quiénes son estas figuras míticas? ¿Cómo se llaman, cuáles son sus atributos, cuál es su historia? ¿Cómo pueden los practicantes de la Wicca armonizar tan estrechamente con divinidades apenas conocidas o completamente ignoradas por el mundo exterior?

Tales preguntas son difíciles de responder en términos generales y definitivos. No hay dos practicantes de Wicca que puedan describir a un dios o una diosa exactamente de la misma forma. De la misma manera en que no se encuentran dos descripciones cristianas de dios que puedan ser exactamente iguales.

Los dioses son conocidos con una gran cantidad de nombres; la mayoría de ellos obtenidos de antiguas religiones —nombres británicos, egipcios, griegos y romanos son usados frecuentemente—.

Así como Isis se transformó de una venerada diosa local de una pequeña área del antiguo Egipto a ser una diosa nacionalista que ejercía el poder sobre todas las cosas, desde el parto y la curación, hasta la protección de los navegantes en los mares.

Este capítulo explorará algunas facetas de la diosa y del dios en la forma como han sido conocidos por algunos practicantes de Wicca. Esto constituye el corazón y el alma de la religión.

DAMA DE LA LUNA; MADRE TIERRA; HERMANA DEL PODER

La diosa expresa:

Soy la gran madre, venerada por la creación y he existido mucho antes que su conciencia. Soy la principal fuerza femenina, ilimitada y eterna.

Soy la casta diosa de la Luna, la señora de toda la magia. El viento y el movimiento de las hojas cantan mi nombre, llevo la Luna creciente sobre mi frente y mis pies descansan sobre el estrellado cielo. Soy un campo intocable por el arado. Regocíjate en mi y conoce la plenitud de la juventud.

Soy la madre bendita, la misericordiosa. Señora de la cosecha. Estoy cubierta con la profunda y fresca maravilla de la tierra y con el oro de los campos abundante como el grano. Por mí las corrientes de la tierra son reguladas; todas las cosas llegan a la fructificación de acuerdo a mi estación.

*Soy refugio y curación. Soy la madre
que da la vida, extraordinariamente fértil.*

*Venérame como la arpía, vigilante del inque-
brantable ciclo de la muerte y del renacimiento.
Soy el retorno y la sombra de la Luna. Regulo
las corrientes de las mujeres y los hombres y
doy alivio y renovación a las almas fatigadas.
Aunque la oscuridad de la muerte es mi dominio, la alegría del renacimiento es mi regalo.*

*Soy la diosa de la Luna, la tierra, los mares.
Mis nombres y fuerzas son múltiples. Derramo
magia y poder, paz y sabiduría. Soy la eterna
doncella, madre de todo y arpía de la oscuridad
y te envío mis bendiciones sin límites de amor.* *

La diosa es la fuerza femenina; esa porción del último
recurso de energía que creó el universo. Ella es toda
mujer, toda fertilidad, todo amor.

En la Wicca ella es la que está, tal vez, más estrechamente asociada con la Luna; esto no significa que los
practicantes de Wicca veneran a la Luna, sino que ellos
simplemente la ven como un símbolo celestial del poder,
tanto de forma evidente como de forma no evidente, de
la diosa. Algunos practicantes de Wicca llaman a la diosa
Diana en su aspecto lunar. La mayoría se reúnen para
venerarla en las noches de Luna llena de cada mes.

---

*Nota: Basado en una evocación creada por mi primer profesor de
Wicca. Incluido en la obra *Wicca: A Guide for The Solitary Practitioner.*

Ella es a menudo asociada con la tierra. El planeta entero es una manifestación de la energía de la diosa. Un ejemplo lo constituye los poderes de la madre naturaleza. Los practicantes pueden venerarla en este aspecto como Gaea, Demeter, Astarte Kore y con muchos otros nombres.

La diosa está inexorablemente vinculada con las mujeres en general. Antiguamente el parto, la menstruación y otros misterios de las mujeres eran celebrados con rituales religiosos. Inclusive, en la actualidad, muchos grupos feministas de la religión de la Wicca realizan estos rituales.

En verdad, el renacimiento de la veneración a la diosa durante los últimos años ha tenido en general una dramática influencia: las mujeres occidentales, a quienes les ha sido negado por largo tiempo el aspecto femenino de la divinidad (salvada, exclusivamente, por la disimulada veneración de María en la iglesia católica), han encontrado una relación estrecha con la diosa.

En la actualidad muchas mujeres están involucradas en la política en busca de la bien merecida igualdad en la sociedad. Otras están activas en campañas antinucleares; algunas están orientadas por una divinidad femenina y no invocan a dios en sus rituales. Este es el resultado de miles de años de la orientación masculina en la religión.

Tal vez la mayoría de los practicantes de Wicca conocen a la diosa en tres aspectos correspondientes a los tres estados de vida; estas son la doncella, la madre y la arpía. La declaración de la diosa que precedió estas palabras, tuvo en cuenta, ampliamente, estas etapas.

El triple aspecto también se relaciona con las fases de la Luna. La doncella corresponde a la Luna nueva. La madre a la Luna llena y la arpía (también llamada la bruja o la abuela sabia) a la Luna menguante.

Los miembros de la Wicca perciben a la diosa en el diario vivir. El nacimiento de una idea nueva o las flores que abren sus capullos, son vistas como manifestaciones provenientes de la abundancia de la Madre Tierra. El proceso de iniciación del embarazo y el nacimiento también están ligados con la diosa.

EL CORNUDO, EL REY DE LA COSECHA

El dios expresa:

Soy el radiante rey de las cosechas, irrigando la tierra con calor y alentando a la escondida semilla de creación a abrirse en manifestación. Elevo mi brillante arpón para iluminar las vidas de todos los seres y diariamente derramo mi oro sobre la tierra, haciendo volar los poderes de la oscuridad.

Soy el amo de las bestias salvajes y libres. Corro con el veloz ciervo y vuelo como un halcón sagrado a través del reluciente cielo. Los viejos bosques y lugares inhóspitos emanan mi poder y los pájaros del aire cantan a mi santidad.

Soy también la ultima cosecha, ofreciendo mis granos y frutos bajo la hoz del tiempo, de

*modo que todos puedan ser alimentados. Sin
plantar no puede haber cosecha; sin invierno
no hay primavera.*

*Venérame como a los mil nombrados soles de
la creación, como al espíritu del ciervo cornudo
en el desierto y en la interminable cosecha.
Mira en los festivales anuales mi nacimiento,
mi muerte y mi resurrección —y conoce que ese
es el destino de toda la creación—.*

*Soy la chispa de la vida, el Sol radiante,
quien da la paz y el descanso y envío mis rayos
de bendiciones para alegrar los corazones
y fortalecer las mentes de todos.*

El dios es la fuerza masculina, es la otra mitad de la principal energía divina conocida por los practicantes de la Wicca. Él es todo hombre, todo fertilidad, todo amor.

En Wicca, el dios es representado por el Sol. En el pasado, antes de descubrirse que la inclinación del eje de la tierra era la causa, se creía que las estaciones eran creadas por la variación del calor del Sol. En la actualidad en Wicca aún relacionan al Sol con la llegada de la primavera, del verano, del otoño o del invierno.

Los miembros de la Wicca celebran el cambio de las estaciones con rituales específicos (ver capítulo 13). Estos "días de poder", o aquelarres (Sabbats), ocurren ocho veces al año. Ellos marcan las estaciones, la cambiante fertilidad y los patrones climáticos de la tierra. Aunque el

Sol y el dios, todavía son (simbólicamente) vistos como los generadores de estos cambios, ambas divinidades son veneradas en estos tiempos. Muchos practicantes de la Wicca identifican la comida con el dios. La comida es un producto de la fertilidad de la diosa y de la unión con el dios, es así como él es padre e hijo.

La cosecha, que tradicionalmente coincide con la llegada del otoño, es una época del sacrificio de dios "sobre la hoz del tiempo" como lo expresé en el anterior pasaje. Ésta es señalada como un ritual de la Wicca en honor a la diosa y al dios.

El practicante de la Wicca también ve a dios en el inhóspito bosque, en sus viejos árboles, en la enredada vegetación y en los indómitos animales, en particular en los animales cornudos como el venado y el toro, los cuales están vinculados con el dios. Los cuernos fueron antiguos símbolos de divinidad, por ello el dios es algunas veces mencionado como "el cornudo".

Algunos miembros de la Wicca emplean el rol de la muerte sobre el de dios, tal vez por su transición simbólica que ocurre cada otoño. Mientras el dios trae la muerte, la diosa da origen a todos los alimentos y a la fertilidad, trae nueva vida a través del fenómeno de la reencarnación.

En el pensamiento Wicca, la diosa y el dios son los seres divinos gemelos: comparados como expresiones iguales del esencial origen de todo. Este irreconocible e incomprensible origen es el que ha sido venerado dentro de todas las religiones desde el comienzo del pensamiento espiritual.

Para aclarar el principal concepto erróneo referente a las divinidades de la Wicca (brujas), unas pocas palabras son ciertamente apropiadas aquí.

Los practicantes de Wicca no veneran al diablo. Asombrosamente, ésta es una falsedad muy común vigorosamente promovida por los evangelistas en la televisión y resultaría absurdo si tales afirmaciones no hubieran sido la causa de muchos errores.

Los practicantes de la Wicca no son anticristianos o defensores de los cristianos. Al igual que millones de seres humanos, los miembros de esta religión simplemente no son cristianos, tampoco son individuos locos atacando a otras religiones, ni están ofendiendo a los cristianos deseosos de venerar su particular concepto del mal.

Como se ha discutido en este capítulo, los representantes de la Wicca veneran a la diosa y al dios. Los ajenos a la religión Wicca —aquellos con algo que ganar— pueden y ciertamente lo hacen, interpretar esto en sus propios términos: "Caramba ellos no veneran al dios verdadero, ¡son satánicos!".

Este mismo pensamiento llevó a los primeros cristianos a creer que los africanos, europeos, gente nativa de América, polinesios, aborígenes australianos y muchos otros grupos culturales que no estaban convertidos eran adoradores del diablo, porque no eran cristianos y tenían costumbres diferentes. No eran humanos. Esto originó el exterminio de poblaciones y el inimaginable concepto de la esclavitud.

Este concepto retrógrado todavía permanece vivo entre cristianos menos conscientes. Ya he discutido el peligro de asumir que una religión es el único método genuino de contactar a dios, así que no reiteraré sobre esto aquí, pero lo mencionaré para explicar por qué razón los practicantes de Wicca (y los brujos) son considerados satánicos.

Ellos no lo son. Son sencillamente miembros de una religión diferente. Muchos, pero muchos humanos han encontrado comodidad al armonizar con su concepción de lo divino, así también la han encontrado muchos practicantes de la Wicca.

Todas las religiones tienen un ideal en su mente: unir a sus seguidores con dios. La religión Wicca no es diferente.

CAPÍTULO 9

Iniciación

$\mathcal{E}$xisten muchas maneras para llegar a convertirse en un practicante de la Wicca. Ninguno de ellos, a pesar de la gran cantidad de mentiras provenientes de diversas partes, conlleva a que los candidatos tengan que renunciar a su previa religión.

En el pasado, la Wicca se consideraba un secreto. En esa Wicca "tradicional", la mayoría de los practicantes hacían parte de congregaciones (ver capítulo diez). Las congregaciones son grupos pequeños de practicantes de la Wicca, quienes se reúnen para estudiar, para hacer alabanzas y para ejecutar magia. Algunas de estas congregaciones fueron, especialmente, organizaciones de entrenamiento con una variedad de miembros. A medida que los candidatos aprendían los conceptos básicos de las artes rituales, ellos avanzaban y eran remplazados por nuevos integrantes. Sin embargo, otros conservaban celosamente las identidades propias de su grupo y muy rara vez permitían la inscripción de un nuevo miembro.

Esta situación se sigue presentando en la actualidad, pero también es cierto que hoy en día existen muchas congregaciones no tan tradicionales. Algunas de ellas no son iniciadoras, con el argumento que los seres humanos, realmente, no poseen ni la facultad ni el derecho para iniciar a otras personas. Otras, son auto-iniciadoras, bajo la consideración que tal proceso está dentro del dominio exclusivo de la diosa y del dios.

La iniciación se ha tenido como una práctica muy antigua. Normalmente, consiste en un ritual en el cual se demuestra y se celebra la aceptación del ingreso de un individuo al interior de un grupo determinado, llámese religión, o a un nivel específico de la sociedad. La confirmación y la primera comunión sirven como dos ejemplos clásicos de la iniciación en la religión cristiana. Investigaciones antropológicas, así como artículos publicados en *National Geographic*, hablan acerca de los rituales en los cuales los adultos jóvenes son sometidos a procesos de iniciación tales como la circuncisión, la extracción de dientes, la escarificación y muchos otros ritos que podrían considerarse drásticos.

Las iniciaciones no siempre son ejecutadas como si se trataran de acontecimientos de corte religioso. En las multinacionales norteamericanas, la presentación de la llave del sanitario "para ejecutivos" es considerada como una forma de iniciación. Los rituales muy complicados, que inclusive mantienen diferentes grados de peligrosidad, son situaciones bastante comunes entre los clubes de

estudiantes de colegios y de universidades y entre las conocidas fraternidades. En los campamentos de reclutamiento
militar, el día de la graduación se constituye en la finaliza-
ción de un largo proceso de iniciación, diseñado para
transformar a un individuo civil en un miembro de las fuerzas armadas. Las ceremonias de iniciación entre grupos
tales como los Shriners, los Masones, los Boys Scouts y las
Girls Scouts, son reconocidos por todo el mundo.

Sin embargo, en la Wicca se considera la iniciación
como un proceso místico. Los rituales de la iniciación tradicional son, normalmente, experiencias dramáticas, diseñadas para despertar en el candidato una nueva conciencia en armonía con la diosa y el dios.

Si la ceremonia se lleva a cabo de manera apropiada, la
persona cambiará profundamente. Ella o él emergerán del
acto de iniciación con una nueva identidad, transformados
en unos nuevos practicantes de la Wicca, y posiblemente,
hasta lleguen a adoptar un nombre mágico. No obstante,
la intención del proceso es la de desarrollar la conciencia
con respecto a los estados alternos de la misma y a las rea-
lidades que no pertenecen al mundo físico.

Algunas congregaciones practican los rituales de iniciación de una manera bastante rutinaria, sin asumir un verdadero sentido de los objetivos que conllevan dichas ceremonias. Otras, en cambio, la asumen con el respeto que se
merece, el mismo que yo le profeso, puesto que consiste en
un ritual que transforma de muchas maneras, así sea de
forma sutil y obvia, a las personas que la experimentan.

Con mayor exactitud, ¿en qué consiste un ritual de iniciación ejecutado por un practicante de la Wicca tradicional?

La respuesta se puede dividir en cinco grandes etapas a saber:

Con mucha frecuencia, se lleva a cabo un proceso de *purificación*. En algunos grupos, esto sencillamente puede consistir en una semana de meditaciones diarias, o una inmersión en un baño a base de hierbas y la unción con aceites perfumados. En otros casos, se le exige al candidato un estricto régimen dietético durante toda la semana anterior a la ceremonia. La dieta puede consistir en la suspensión de las carnes, los azúcares, el alcohol, la cafeína y cualquier otra clase de alimentación —los cuales son considerados como reductores del nivel de la conciencia física—. El uso de drogas ilícitas está terminantemente prohibido por la totalidad de los grupos que practican la Wicca, de manera que la eliminación de ese tipo de adicciones también puede llegar a considerarse como una parte del proceso de purificación. Algunos grupos utilizan la flagelación simbólica como una fase de la purificación —de la misma manera que sucede con el "calvario"— (ver más adelante).

Aveces al candidato se le presente un *desafío* de cualquier índole. Lo más corriente es que se trate de preguntas como por ejemplo: "¿está usted preparado? ¿Verdaderamente quiere ingresar a la religión de la Wicca? ¿Qué puede ofrecerle a la diosa y al dios?

Posteriormente, el candidato a ingresar puede ser sometido a una especie de *calvario*. En algunos grupos, este denominado calvario puede consistir en un acto de flagelación simbólica, tal y como se mencionó anteriormente. El uso del azote en la Wicca —aunque sea en un sentido simbólico— ha sido objeto de muchas controversias y de mucho sensacionalismo. De cualquier forma, no se trata de un procedimiento que sea utilizado por todas las congregaciones de Wicca, es más, ni siquiera por la mayoría de ellas. Cuando, eventualmente, llega a ser utilizado, se ejecuta en un sentido totalmente simbólico y en estrecha relación con uno de los mayores mitos de la Wicca: el viaje descendente de la diosa hacia el mundo bajo (el cual aparece impreso en su totalidad en el libro *The Meaning of Witchcraft* —ver en la bibliografía—. Además, en esos casos, se lleva a cabo sin producir el más mínimo dolor físico.

Normalmente, se continúa el proceso con una *muerte simbólica* y *renacimiento*. Este es un rasgo característico de las iniciaciones en todo el mundo, simbolizando así "la muerte" de la vida antigua del candidato y el renacimiento en el seno de la religión o del grupo.

También podría consistir, sencillamente en otorgarle un nombre mágico nuevo a la persona que ingresa.

El candidato también puede ser cubierto con unas vestimentas negras con el fin de simbolizar un estado fetal al interior de la diosa, en su aspecto maternal. Los ropajes se van quitando lentamente y ella o él emergen como una persona practicante de la Wicca.

A continuación se lleva a cabo una *dedicación*, en la cual el nuevo practicante de la Wicca ofrece un testimonio de su lealtad a la diosa y al dios, por medio de palabras, gestos o acciones.

En ese momento, el candidato es considerado como un miembro de la Wicca y, usualmente, un miembro más de alguna congregación específica.

Eso es todo lo que tiene que ver con este aspecto. No existen pactos con el diablo, no se efectúan sacrificios humanos, tampoco hay profanación de sepulturas ni rituales demoníacos. Simple y llanamente, un ritual que sirve para recibir a una persona en la religión.

Hasta hace muy poco tiempo, ésta resultaba ser la única forma de convertirse en un miembro de la Wicca. La exclusividad era la norma. Si una persona no había pasado por la fase de la iniciación con un miembro reconocido igualmente en la Wicca (ver el capítulo diez), entonces no era considerado, para la forma de ver de algunos, como un verdadero practicante de Wicca.

Actualmente, esta situación ha venido cambiando. La auto-iniciación se ha convertido en un fenómeno normal en nuestros tiempos. Muchos se frustran a causa de sus constantes búsquedas infructuosas de congregaciones y de profesores calificados. Por consiguiente, una mujer en Kentucky puede salir a dar un paseo bajo la Luna llena, derramar vino sobre la tierra y ofrecerse a sí misma ante la diosa. O un hombre se puede acostar sobre una colina, con los brazos y las piernas bien extendidos, de manera que su cuerpo forme la figura de un pentagrama (una estrella de cinco puntas). En cualquier momento, las energías primordiales de la tierra y del Sol emergen a través de él y entonces descubre la presencia de la diosa y del dios dentro de sí mismo.

Durante los años setenta, los practicantes de Wicca escribían artículos cuestionando si aquellas personas podrían considerarse verdaderamente como practicantes de esa religión. La respuesta no radica en el interior de las mentes humanas o en las distintas opiniones que puedan existir al respecto, sino que está en el campo de la espiritualidad, en el interior mismo de la diosa y del dios.

Después de todo, la Wicca y todas las demás religiones sirven a un propósito mayor: facilitar la comunicación con la divinidad. Si los practicantes de Wicca se han ofrecido por su propia cuenta a esta religión, establecen relaciones con la diosa y con el dios, celebran sus fiestas, utilizan sus implementos y exaltan los ideales de esta religión ¿qué iniciado se atrevería a asegurar que ellos no son practicantes de Wicca?

Los practicantes de esta religión, dedicados a ella por su propia cuenta, son tan miembros de la Wicca, como aquellos que se han sometido a los procesos de iniciación para ingresar a la religión (y también para ingresar a una congregación) bajo la dirección de otros seres humanos.

En realidad el proceso de la iniciación no consiste en un ritual físico. Esa es simplemente una forma externa. La verdadera iniciación de la Wicca consiste en un proceso mediante el cual un ser humano va convirtiéndose progresivamente en un ser consciente de la presencia de la divinidad en su interior, a través de todas aquellas fuertes conexiones espirituales con la diosa y con el dios. Esto puede llegar a ocurrir de manera instantánea, aunque normalmente es una transformación gradual.

La iniciación puede manifestarse a través del amor hacia la naturaleza y la tierra. La persona puede sentir la impetuosa necesidad de vincularse a sociedades protectoras de animales o del medio ambiente. Un cambio de dieta —vegetariano— se puede manifestar también.

En momentos calmados, ella o él pueden escuchar la música de la Luna cuando sale en el horizonte y se llena de poder al ser iluminada por el Sol. Las estrellas pueden revelar finalmente sus misterios y prometer respuestas.

Los continuos ciclos de las estaciones, los intrincados procesos de la naturaleza y del planeta sobre el cual vivimos, pueden ser reveladas como manifestaciones maravillosas, benditas por la diosa y por el dios. Inclusive, el cuerpo físico —la carne, la sangre y los huesos— se vuelve a interpretar como un lugar para el almacenamiento de datos antiguos y como un generador de poder mágico.

Cuando esto ocurre dentro del individuo, no es necesario ningún ritual físico como intermediación, a menos que haya sido solicitado por el individuo.

Sólo entonces ella o él habrán experimentado la iniciación definitiva de la Wicca —a través y al interior de la diosa y del dios—.

CAPÍTULO 10

LAS TRADICIONES WICCA

*U*na tradición es un método específico de acción, actitud u oficio que ha sido trasmitido de generación en generación. Sin embargo, entre los practicantes de Wicca esta palabra tiene una pequeña diferencia en su significado: para ellos, tradición significa una serie determinada de rituales, ética e instrumentos. Resumiendo, una tradición Wicca es un subgrupo Wicca específico.

Este capítulo explorará las diferentes clases de tradiciones de la Wicca. Puesto que ninguna de éstas es verdaderamente dominante (en realidad ahora, muchos practicantes de Wicca no proclaman lealtad o linaje a ninguna de ellas), veremos las diferencias entre las tradiciones de los practicantes de Wicca en lugar de examinar alguna en particular. Esto evita la posibilidad de equivocación y revelar a la vez "secretos".

"Hola ¿cuál es tu tradición?"

Esta pregunta fue una vez bastante común cada vez que los practicantes de Wicca se reunían. La respuesta que se daba, a menudo determinaba la magnitud de la opinión del interrogador con respecto a quien respondía. Tal sectarismo comenzó a desaparecer en el umbral de la década de los años noventa, pero aún prevalece al interior de algunos miembros retrógrados de la masonería —como se llama también a la Wicca—.

Una tradición Wicca es un sistema estructurado específico dentro de las más grandes estructuras de la Wicca; muy diferente a los puntos de vista divergentes que se encuentran dentro del cristianismo. La mayoría de sectas de Wicca están de acuerdo con los cinco puntos sobre la religión mencionados en el capítulo 7:

1. La diosa y el dios son venerados a través de oportunos rituales vinculados a la Luna y al Sol.
2. La tierra es reverenciada como una manifestación de energía divina.
3. La magia es vista como una parte natural y alegre de la religión y es usada para celebrar la vida.
4. La reencarnación es aceptada como una realidad.
5. Las actividades para ganar prosélitos no son aceptadas.

No todas las tradiciones están en total acuerdo con estos cinco puntos. Muchos otros agregarían algunos más. En verdad una de las más grandes divisiones dentro de la Wicca es la importancia de la diosa en el culto.

Como se mencionó anteriormente, algunos practicantes de Wicca (sean asociados a una tradición o no) dedican su religiosidad y actividades mágicas, exclusivamente, a la diosa; para otros, el balance entre la diosa y el dios es visto como lo ideal para los trabajos religiosos.

No puedo pensar en una tradición Wicca que no estuviese de acuerdo con los puntos dos y tres, aunque ellos pueden tener diferentes doctrinas en relación con estos aspectos de su religión.

El punto cuatro, la reencarnación, es generalmente aceptada. Pero aquí existe una amplia libertad. Algunas tradiciones insisten en que el alma humana siempre encarna en el mismo sexo; por ejemplo, si usted es mujer en esta vida, entonces siempre fue y siempre será mujer. Otros ven este aspecto algo menos estructurado. Algunos pocos, si acaso, aceptan la creencia de que los humanos se reencarnan como, flores, insectos o animales, antes de "evolucionar" hasta el momento en que pueden habitar los cuerpos humanos.

El punto cinco es universalmente reconocido.

Aún aceptando algunas pequeñas variaciones, la mayoría de los practicantes de Wicca aceptan estos cinco puntos. Estos cinco principios junto con el apoyo de un pequeño grupo y los instrumentos utilizados en un ritual son los que hacen un verdadero practicante de Wicca.

¿Cuáles son entonces las diferencias entre las tradiciones individuales de los practicantes de Wicca? Aquí están algunas áreas especificas:

– *El nombre.* El nombre de la tradición en la que ellos se iniciaron solía ser de gran importancia para muchos practicantes de Wicca; por medio de éste se dio a conocer la forma de sus rituales, la forma de ver el mundo y sus ideas relacionadas con la diosa y con el dios.

Por ejemplo, los practicantes Georgianos de Wicca utilizan diferentes ceremonias en comparación a la Dianic Feminist Wicca.

Sus ideas con respecto a la naturaleza de dios pueden ser también radicalmente diferentes.

Muchas tradiciones son nombradas en honor a su fundador. Un excelente ejemplo de éstos son la Gardnerian Wicca, en honor a Gerald Gardner. (Ver bibliografía).

Al final de los años sesenta y principios de los setenta, la exclusividad hacía furor. Un inicio de la tradición "A", es posible que no haya sido reconocido como Wicca por la tradición "B". Esto es entendible puesto que lo mismo ha ocurrido entre sectas de la mayoría de las religiones. Pero la época en la que el nombre de la tradición de alguien era muy importante ya se ha terminado. Muchos practicantes de Wicca —aún aquellos que se inician en tradiciones rigurosas— han asumido puntos de vista menos sectarios; reciben a otros practicantes de Wicca en sus rituales y congregaciones sin ninguna clase de prejuicio, o como se diría en las palabras de una tradición, con "amor verdadero y verdadera confianza".

– *Sistema de ritual.* Entre muchas tradiciones, los rituales específicos usados por miembros —tanto religiosos como mágicos— son secretos que el iniciado no puede revelar. Esto está en el corazón de la tradición. Los rituales son estructuras o modelos para el movimiento y el habla; su estructura y las palabras, música o danza usadas —aún en el momento en que se lleva a cabo— varía de tradición en tradición. En parte, esto sucede debido a las mínimas diferencias en que cada grupo se identifica con la diosa y con el dios.

Un ritual Seax difiere mucho más en particularidades que uno de los Gardnerians. Esto no implica que uno sea mejor que otro; es solamente que cada ser humano tiene necesidades diferentes.

Recuerde que la única razón legítima para practicar un ritual religioso de cualquier clase es la de armonizar con la divinidad.

Los practicantes tradicionales de Wicca mantienen sus rituales tradicionales en el que es, a menudo llamado *The Book of Shadows* (el libro de las sombras). Estos son rituales que utilizan nomenclaturas de tradiciones específicas e instrumentos, los cuales sirven para distinguir a una tradición de otra.

En las tradiciones Wicca, los rituales mágicos son labores de grupo diseñadas para despertar, programar, liberar y proyectar la energía natural para alcanzar metas individuales o colectivas. Por lo tanto estos ritos son guardados más fielmente que en las ceremonias religiosas. Éstas son, a menudo, hechas en conexión con trabajos religiosos y reflejan esa intención específica de la tradición.

– **Práctica de rituales.** Algunas tradiciones Wicca son realizadas en las noches; otros prefieren hacerlas de día. Otros, se reúnen y veneran a la diosa y al dios cubiertos con vestimentas casuales; otros prefieren togas e inclusive, hay otros que lo hacen al desnudo (ver capítulo 15). Para hacer las cosas aún más complejas, algunos se tapan sus cabezas durante el ritual, otros no acostumbran hacer esta práctica.

Algunas tradiciones insisten en rituales al aire libre, mientras que otras nunca dejan la sala. La mayoría de las tradiciones permiten que las mujeres y los hombres participen en sus rituales y logran la entrada en su sistema. Otras, en cambio, admiten sólo mujeres y son muy escasas las que admiten solamente a hombres. Muchas intentan alcanzar un equilibrio entre la participación de las mujeres y la de los hombres en sus respectivos grupos.

Cada tradición tiene determinadas razones para mantener sus prácticas particulares en un ritual y, ciertamente, no es asunto de nadie cuestionar cómo es que los miembros de una tradición alcanzan la unión con la diosa y con el dios, ni tampoco cómo practican la magia.

– **Las congregaciones.** Algunas veces son llamadas erróneamente "grupos de brujos". Estos grupos pueden ser estrictamente definidos como grupos de practicantes de Wicca inclinados hacia una exclusiva tradición para practicar la Wicca, y que, además, son quienes conservan cada una de las tradiciones. Pero aún aquí hay muchas opciones.

Algunas congregaciones mantienen 12 ó 13 miembros, otras alcanzan los 50 (conocidos como un "colegio"); en otros casos solamente son necesarios dos o tres miembros para formar una congregación.

Algunas tradiciones permiten y promueven iniciar las prácticas en forma individual, mientras que otros prácticamente lo prohiben porque consideran que debe existir un número determinado de miembros para llevar a cabo tales prácticas.

– *Jerarquía de las congregaciones.* Este ha sido un punto de caliente debate entre los practicantes de Wicca. Algunas tradiciones continúan con la práctica de proveer tres iniciaciones diferentes. Para los miembros, éstas tiene diferentes nombres entre varias tradiciones. Algunos las llaman "niveles", como el "nivel 1"; otros simplemente le dan el término de "primer grado", "segundo grado", etc.

Estos pueden ser simbolizados por animales que tienen aspectos divinos o totémicos dentro de la misma tradición. Se utilizan ciertos símbolos dentro de algunas tradiciones con el propósito de designar cada uno de los "grados" (este es un término masónico).

La forma básica de la primera de estas tres ceremonias de iniciación fue descrita en el capítulo nueve. Esta es una forma de entrada hacia la religión Wicca, a una tradición concreta y a la congregación.

La segunda iniciación usualmente tiene lugar después de un entrenamiento religioso y mágico dentro de la tradición. Este se conoce como segundo grado o segundo nivel.

En algunas tradiciones, el segundo grado de Wicca puede conocerse como una "sacerdotisa menor" o "sacerdote menor". El segundo grado requiere más entrenamiento dentro de la tradición y el dominio de los principios de la religión Wicca.

El tercer grado crea lo que se conoce comúnmente como "sacerdotisas superiores" o "sacerdotes superiores". Este grado ha sido descrito como la coronación del logro dentro de una tradición específica. Esto se lleva a cabo en teoría, una vez complementado el programa del entrenamiento riguroso, el cual abarca la magia, la estructura del ritual, las dinámicas mágicas de grupo, la metodología de la Wicca y un número de otras áreas que dependen de cada tradición en particular.

Entre congregaciones jerárquicas, solamente a quienes hayan alcanzado el tercer grado se les permite liderar rituales y participar en las labores de dichas congregaciones. Además, las congregaciones, en estas tradiciones son conducidas por:

Una Sacerdotisa Superior
o
Una Sacerdotisa Superior y un Sacerdote Superior.

Un Sacerdote Superior raramente dirige, él sólo, una congregación. Durante los rituales, la Sacerdotisa Superior puede representar de la diosa. El Sacerdote Superior como el dios. La Sacerdotisa Superior puede atraer la diosa hacia ella y desenvolverse como su representante.

En resumen, esta práctica es una forma de "canalizar" religiosidad entre los practicantes de Wicca, aunque no está muy extendida entre los grupos de miembros de la Wicca.

Es de anotar que muchas tradiciones no utilizan sistemas de grado en su iniciación. Las congregaciones pueden ser conducidas por una, dos o tres personas, quienes pueden ser elegidas por los demás miembros. Los practicantes de Wicca, quienes han estudiado y que tienen la experiencia, son, ciertamente, respetados; pero no están necesariamente encargados de la conducción de la congregación. El miembro líder de ésta, puede ser cambiado en cada ritual.

¿Confundido? Esta es simple y llanamente otra indicación de que la Wicca es más que todo una religión de individualismo.

– *Instrumentos*. Como lo veremos en el capítulo 11, se utilizan ciertos objetos físicos específicos en los rituales de Wicca para una gran variedad de propósitos religiosos y mágicos. Aunque algunos instrumentos son comunes entre la mayoría de las tradiciones (como el *athame*), otros no lo son. La utilización de un instrumento en una tradición ilustra, de nuevo, la independencia que existe entre los diversos grupos de practicantes de Wicca. De tal manera, estas son algunas de las pocas áreas en las que las tradiciones de Wicca difieren unas de otras. Esta falta de coherencia es una de las características que fortalecen la Wicca.

Quienes son buscadores, usualmente, pueden encontrar un camino apropiado entre varias tradiciones.

Para profundizar en cuanto a información de tradiciones específicas de los practicantes de Wicca, consulte la bibliografía.

CAPÍTULO 11

INSTRUMENTOS PARA LOS RITUALES

*"El **caldero** está rodeado de flores..."*
*"Dirija el **athame** hacia el cielo y proyecte*
la energía..."
*"Haga flotar una flor en la **copa** llena de agua*
y prediga el futuro..."

Calderos, athames y copas —estos son algunos de los instrumentos que los practicantes de Wicca usan en sus rituales religiosos y mágicos—.

Algunos son objetos que pueden encontrarse en cualquier vivienda. Pocas casas carecen de escobas o de cuchillos. Todavía pueden verse en los estantes o en los áticos ollas de hierro de forma redonda cubiertos de telarañas; así como copas de todas las formas y variedades son usadas en la vida diaria por billones de personas.

Los practicantes de la Wicca todavía ven estas cosas como más que simples objetos. Se consideran como objetos religiosos —no para ser venerados pero sí para ser usados en rituales con el fin de establecer contactos armónicos con la diosa y con el dios—.

Los instrumentos de la Wicca pueden ser fraguados a plena luz del día, tallados con la salida de la Luna durante el solsticio de verano o purificados con hojas de albahaca en un bosque despejado. En lo posible se aconseja fabricar sus propios instrumentos. Aquellos instrumentos que no pueda fabricar, pueden ser comprados o intercambiados. El intercambio puede ser una forma de obtener todo el juego de herramientas necesarias para la práctica de Wicca. Debe tener presente que dichos instrumentos son reservados exclusivamente para los trabajos en los rituales.

La mayoría de los instrumentos mencionados aquí no son usados en ninguna otra religión. Cuando se usan es por lo general para propósitos muy diferentes. Este capítulo menciona los principales implementos de los rituales de la Wicca, aunque no hay que olvidar que ésta es una lista generalizada, extraída de varias tradiciones de esta religión.

– *Las imágenes de la diosa y del dios.* Afrodita parada sobre una concha de mar sacada del océano. Diana (en alabastro) con su cabeza inclinada y con sus lebreles. Una diosa celestial con una media Luna sobre su frente, las manos extendidas y el cabello ondeando alrededor de su cabeza. Una reproducción de unas de las famosas estatuillas de Venus. Un sátiro. Un dios con cuernos andando en el bosque, bardado y musculoso. Osiris con toda su antigua gloria solar.

Muchos practicantes de Wicca utilizan las imágenes de la diosa y del dios en sus rituales y, ni más ni menos, eso es todo lo que ellas son —imágenes e ilustraciones—. Representaciones tridimensionales que recuerdan a los practicantes la presencia divina.

Los practicantes no adoran dichas imágenes, ellos no son tan idiotas. Estas son simplemente ilustraciones. Ellos se molestan cuando son acusados de ser "idólatras". No son más idólatras que aquellos que llevan consigo crucifijos o cuelgan imágenes de Jesús en las paredes.

Las imágenes de la diosa y del dios son tan solo eso. Estas pueden ser talladas en piedra o madera o moldeadas en metal. Aquellos con aptitudes artísticas diseñan sus propias imágenes, mientras que otros las obtienen en tiendas de artículos místicos.

Pero muchos no utilizan tales figuras ya que las consideran bastante restrictivas; ellos prefieren usar representaciones abstractas, por ejemplo una piedra en forma de huevo o redonda, o un espejo redondo que represente a la diosa; una bellota o una piedra en forma de flecha para representar al dios. Algunos tan solo usan dos velas para su representación.

– *El athame* (cuchillo de ritual) usualmente tiene mango negro con una hoja de acero que puede ser de filo doble o sencillo. El athame (tiene otros nombres pero éste es el más común) nunca es usado con el propósito de cortar, ni para hacer sacrificios. El cuchillo es un instrumento de poder utilizado para dirigir la energía natural que está dentro del cuerpo hacia el mundo exterior. Aunque los mecanismos son diferentes en algunas tradiciones, este cuchillo es considerado como algo sagrado en relación con el dios.

Una espada, la cual es sólo una versión más larga del cuchillo, puede ser usada en su lugar pero generalmente se utiliza para desarrollar los trabajos de las congregaciones.

– *El cuchillo con mango blanco* se utiliza para fines prácticos como cortar hierbas o granadas; algo opuesto al meramente simbólico uso del athame. Tampoco es usado para sacrificios.

– *El caldero* es una vasija grande de metal que por lo general es hecha de hierro, con tres soportes y una abertura más angosta en la parte superior. El caldero que está relacionado en la imaginación popular con las brujas, es un símbolo de la diosa y de todo lo que ella abarca —el universo, la realización, la reencarnación, la fertilidad, la abundancia y el amor—. De la misma manera, la energía generada durante el trabajo mágico de la Wicca puede ser dirigida hacia éste.

Las fogatas pueden ser encendidas dentro del caldero al realizar un ritual. También podría estar rodeado de flores o lleno de agua y utilizarse para adivinar el futuro. A pesar del falso concepto popular, las infusiones son preparadas muy raramente en el caldero y, cuando se hacen, no se le agregan patas de lagarto u otras cosas por el estilo a la misma, tan solo hojas, hierbas y agua.

– *La varita es* parecida a las usadas en antiguas ceremonias mágicas. Generalmente es confeccionada de madera y puede ser adornada con símbolos o con piedras. Algunas son hechas de plata o de cristales de cuarzo.

La varita es un instrumento de invocación. Puede sostenerse y elevarse al emitir palabras de invocación hacia la diosa y hacia el dios durante un ritual. A diferencia del cuchillo, ésta se utiliza muy raramente para dirigir la energía.

– *El pentáculo* es una pieza plana de metal, barro, madera, piedra o cualquier otra sustancia natural sobre la cual varios símbolos son grabados o tallados. Uno de estos símbolos es el pentagrama o la estrella de cinco puntas usada en la magia antigua.

Contrario a lo que dicen sus opositores, los practicantes de Wicca no utilizan el pentagrama para representar a Satanás. Los ajenos a la Wicca pueden creer lo que ellos deseen —y lo hacen— pero deben poner atención en su propia religión. Por lo menos una iglesia en Europa (en Alemania me parece recordar) tiene grandes ventanas con figuras de pentagramas; esto muestra la antigüedad del símbolo y su uso en muchas religiones.

El pentáculo algunas veces se utiliza como una base sobre la cual otros objetos e instrumentos son colocados mientras son cargados con energía durante los rituales.

Este es un símbolo de la tierra y de la abundancia.

– *La copa* o el cáliz es otro símbolo de la diosa y es simplemente una vasija sobre un soporte; puede contener vino o agua y se bebe en los rituales. No es parodia del cristianismo. La copa tiene tanta o poca conexión con el soporte usado en la santa comunión como lo tiene el caldero.

– *El incensario* o el quemador de incienso. Es común en muchas religiones antiguas y contemporáneas. En Wicca se quema el incienso en honor de la diosa y del dios y también para preparar el área de trabajo donde se va a realizar el ritual. Éste también obra para dirigir la conciencia al mundo espiritual, tras lo físico, sin necesidad de ingredientes alucinógenos que realicen este cambio.

– *Los tazones con sal y agua* son usados con frecuencia también. Al mezclarse estas dos sustancias, forman un líquido purificador que puede ser esparcido alrededor del área del ritual antes del trabajo religioso o mágico. La sal y el agua pueden también ser esparcidas por separado; las tradiciones difieren.

– *Las cuerdas* de diferentes materiales y colores también se utilizan en los rituales en algunas tradiciones. Aunque el simbolismo varía, los cordones suelen significar el mundo material y la manifestación de los objetivos mágicos; también son símbolos de los lazos de amor entre los miembros de las congregaciones y entre el practicante de Wicca y la diosa y el dios.

– *La escoba* se usa algunas veces en rituales para barrer y purificar el área de trabajo. Puede ser una opción o un complemento al uso de la sal y agua. La escoba se considera como un símbolo tanto de la diosa como del dios y tiene un antiguo uso en la religión.

– *Las flores frescas o vegetales* pueden utilizarse para prestar sus energías tradicionales al rito o hechizo que se realice. También representan las divinidades vegetales y la fructividad de la tierra.

– *Las campanas e instrumentos musicales* pueden utilizarse para resaltar partes específicas de los rituales o para cambiar el estado de conciencia. Las campanas se usaron una vez para alejar el mal, una costumbre reflejada en las campanas de la iglesia tradicional. La campana es sagrada para la diosa en la simbología de Wicca.

– *El labrys* es un hacha ceremonial de dos filos, utilizada anteriormente en antiguos rituales cretenses. Puede ser usada para representar a la diosa en actos mágicos simbólicos, pero nunca para cortar o tajar algo —en especial humanos o animales—.

– Entre los instrumentos pueden incluirse también *el látigo* usado una vez más en algunas tradiciones como símbolo de la flagelación durante las ceremonias de iniciación. *El bastón*, más largo que la varita o como la escoba sin cerdas, es usado como soporte al caminar en áreas remotas donde se llevan a cabo rituales. También se utiliza para bosquejar la representación física del "círculo mágico" en el suelo (ver capítulo 12).

La mayoría de estas herramientas son usadas en rituales para varios propósitos, entre los que encontramos:

– Crear el área de adoración. Debido a que los practicantes rara vez tienen edificios designados exclusivamente para trabajos con rituales (en realidad esto es aún considerado lo ideal), un lugar sagrado es creado en cada ritual (ver capítulo 12). El cuchillo y algunas veces la varita se usan con este propósito. La sal y el agua al igual que la escoba pueden ser usadas para purificar el área. El incienso también se utiliza porque crea la atmósfera apropiada debido a su aroma.

– Para invocar la presencia de la diosa y del dios durante el ritual la varita es el principal instrumento usado, sin embargo, la mayoría de los practicantes consideran que la diosa y el dios están tanto dentro como fuera de nosotros. El ritual Wicca es un método de conectar esa parte de nosotros con lo divino. La diosa y el dios no son llamados como si fuesen mascotas.

– Sirven como punto de enfoque de poder durante el acto mágico. Un objeto puede ser colocado sobre un pentáculo, algunos grupos usan el caldero.

– Para dirigir la energía hacia su destino. El cuchillo es el instrumento más ampliamente usado para dirigir la energía, aunque el dedo índice también servirá para este propósito. Algunas pocas tradiciones utilizan la varita, pero esto no sucede con mucha frecuencia.

Los practicantes reconocen que los instrumentos en sí no tienen poder salvo el que ellos les confieren. En realidad, la mayoría afirman que las herramientas no son necesarias, pero éstas enriquecen los rituales.

Algunos practicantes no permiten que otros manejen sus instrumentos. Ellos son considerados como objetos personales. Los instrumentos se pueden guardar o almacenar (envueltos en seda, por ejemplo) y luego ser sacados estrictamente para su uso específico.

Otros comparten instrumentos entre ellos —cuchillos o calderos durante los rituales—. Otros utilizan constantemente sus instrumentos creyendo que cuanto más trabajen con ellos más efectivos serán al estar en sus manos y con su energía.

Estos son algunos de los instrumentos utilizados en los trabajos mágicos y religiosos. Ellos no son diabólicos, no son armas o instrumentos de maldad, no son usados para herir o matar a alguien o a alguna cosa. Son objetos bastante simples que algunos humanos han encontrado efectivos en el proceso de unión con la divinidad. En este sentido estos son instrumentos sagrados.

CAPÍTULO 12

CÍRCULOS Y ALTARES

*E*l círculo es una figura geométrica única. No tiene comienzo ni tiene fin —es un símbolo de la perfección—. Un círculo define efectivamente el espacio, sin la agudeza de los ángulos ni de las esquinas. Contiene y al mismo tiempo resiste a las diferentes fuerzas o energías que puedan introducirse en él.

Ubíquese en el centro de un terreno plano libre de árboles. Observe hacia el horizonte y vaya dando la vuelta muy lentamente. Verá cómo la cúpula del firmamento se le asemeja a la forma de un gran círculo sobre su cabeza.

Durante la Luna llena, cuando su figura se eleva en el preciso momento de la puesta del Sol, aparece como un globo de luz blanca, redondo y resplandeciente. El Sol también aparece como un círculo plano cuando está ocultándose por el Occidente.

Aunque no podríamos establecerlo con certeza, estas pueden haber sido algunas de las razones por las cuales las personas de las épocas antiguas utilizaron los círculos en sus trabajos de magia. Estos círculos eran considerados como unos elementos con energía protectora, así como también representaciones del Sol y de la Luna. Por consiguiente, se tenían como la esencia espiritual de nuestro medio ambiente físico, es decir, la divinidad hecha carne.

La mayoría de los libros que se ocupan de la magia (véase la bibliografía) contienen instrucciones bastante complicadas para la elaboración de un "círculo de magia". Durante la Edad Media y el Renacimiento, este elemento se constituyó en la herramienta más poderosa de la magia para combatir a los espíritus que eran invocados.

El mago se ubicaba de pie dentro de este círculo y conjuraba al espíritu para que adoptara una apariencia visible al interior de un triángulo que trazaba cerca de él (pero fuera del círculo). En estos casos, el círculo se utilizaba por su cualidad protectora.

En Wicca no exaltan ni a los espíritus ni a los demonios, no obstante sí utilizan los círculos mágicos. Los primeros libros que hacen referencia a la Wicca comenzaron a aparecer hacia 1954 y se ocuparon en gran medida del círculo de la magia. Durante esta forma de generar energía psíquica, los practicantes se relacionaban con la diosa y con el dios y desarrollaban rituales de veneración y de magia.

Hasta hace poco tiempo, la verdadera naturaleza del círculo mágico fue revelada públicamente. No es exactamente un círculo sino más bien una especie de esfera de energía. En estos rituales, los practicantes de la Wicca proyectan la energía proveniente de su cuerpo a través de athame (cuchillo). Por medio de la visualización se moldea esta energía hacia la esfera de luz resplandeciente.

La mitad de esta esfera se encuentra sobre la superficie del suelo, mientras que la otra mitad queda por debajo. De tal manera que el círculo mágico se traza exactamente en la superficie del suelo, sobre la línea en la cual la esfera se divide en dos.

Un círculo define el espacio en dos dimensiones, mientras que una esfera lo define en tres. Por consiguiente, desde la perspectiva Wicca, la esfera es un espacio sagrado para llevar a cabo los rituales.

Esto puede parecer un tanto confuso para aquellas personas que no tienen ningún conocimiento acerca de esta religión. ¿Por qué razón los practicantes, simple y llanamente, no construyen templos hechos de piedras, ladrillos y cemento y, de esa forma se evitarían todas esas complicaciones? Algunos llegan a hacerlos, pero a pesar de eso, inclusive mucho después de haberlos construido, continúan creando la esfera antes de ejecutar la mayor parte de sus rituales.

Las razones para mantener esta costumbre son muy simples:

– La esfera mágica (más conocida como círculo mágico) delimita un lugar, caracterizado frecuentemente con la expresión, "entre los mundos" — un lugar sobre el cual los seres humanos se pueden poner en contacto con la diosa y con el dios—.

– La creación del círculo mágico es uno de los rituales más importantes de la Wicca, un aspecto clave que la hace diferente de cualquiera de las demás religiones.

– Templos mágicos de esta naturaleza son preferidos, en vez de los lugares que se construyen en forma física para la adoración.

Por lo anterior, podemos afirmar que los practicantes no tienen templos construidos en forma tradicional. Por su puesto que ellos pueden adaptar áreas de trabajo al interior de una habitación, de un granero, de un establo, o en cualquier lugar. Pero ni siquiera así, esas áreas se constituirían en templos genuinos. El verdadero templo de la Wicca es una construcción transitoria, edificada y desbaratada en todos y cada uno de los rituales.

Reflexione acerca de esto durante un momento. Si un miembro de una religión ortodoxa fuera a construir físicamente su templo antes de cada sesión de adoración, ¿no sería mucho más efectivo a la hora de realizar su trabajo?

Los humanos guiados por el materialismo, construyen impresionantes edificaciones diseñadas cuidadosamente para inducir la espiritualidad al interior de cada uno de los creyentes. A diferencia de aquellos, en Wicca se construyen templos provisionales hechos de energía mágica. De tal manera, esta energía —sus cualidades y los efectos que produce sobre la psiquis humana— determina la disposición adecuada entre los practicantes. Es justamente a eso, a lo cual he denominado "conciencia ritual".

Esto no tiene ningún misterio aunque parezca así para aquellos que no son practicantes. De cualquier manera, el círculo mágico es una poderosa construcción de energía. Dentro del círculo, una persona susceptible es capaz de percibir verdaderamente que él o ella se encuentran distantes de su mundo cotidiano, como en una especie de ambiente mágico, de energía y de espiritualidad.

Lo normal es ubicar el alatr en el centro del círculo. Puede ser una mesa, una roca, un tronco de árbol o, inclusive, una zona de suelo despejado especialmente para los casos en los que se vayan a ejecutar rituales o trabajos a la intemperie. Su función básica consiste en sostener los elementos que han de ser utilizados durante el ritual.

Aún cuando éste es un libro introductorio, es conveniente incluir un ritual Wicca para mostrar la forma exacta en la cual se elabora un círculo mágico. En el pasado ésta información se consideraba un secreto, pero en la actualidad se han publicado muchos libros en los cuales se revela la manera exacta en la que se deben elaborar los círculos mágicos.

El siguiente ritual, dentro del cual he insertado notas explicativas entre paréntesis, no es antiguo pero sí es representativo.

EL CÍRCULO DE PIEDRAS

El círculo de piedras se utiliza durante rituales ejecutados en recintos cerrados para aumentar la energía, la capacidad de meditación y otros aspectos relacionados.

Primero que todo limpie toda el área con una escoba especial para el ritual.

Para elaborar este círculo, necesitará cuatro piedras grandes y planas. Si no consigue ninguna, puede utilizar velas para demarcar los cuatro puntos cardinales del círculo. Puede utilizar velas blancas o moradas, o si lo prefiere, utilice los colores correspondientes a cada una de las direcciones —verde para el Norte, amarillo para el Oriente, rojo para el Sur y azul para el Occidente—. (Cada tradición hace su propia relación entre los colores y los puntos cardinales, por lo tanto existen otras distintas; este es solamente uno de los tantos sistemas posibles).

Coloque la primera piedra (o vela) en dirección hacia el Norte, para representar al espíritu de la piedra del Norte. Durante el ritual, el momento en que se invoca al espíritu de las piedras, en realidad, lo que se está invocando es todo aquello que reside en esa dirección, incluyendo por su puesto las energías elementales. (En Wicca no se invocan a los espíritus; el término "espíritu" se utiliza en estos casos porque es menos sexista que las palabras utilizadas más comúnmente, tales como "rey" o "señor". Las cinco energías elementales mencionadas anteriormente son las siguientes:

La tierra (relacionada con el Norte), el aire (relacionado con el Oriente), el fuego (relacionado con el Sur), el agua (relacionado con el Occidente) y Akasha (espíritu omnipresente sobre la tierra). Las primeras cuatro son emanaciones de la quinta.

Después de haber colocado la primera piedra (o vela) en dirección hacia el Norte, coloque la del Oriente, la del Sur y la del Occidente. Las cuatro deben quedar formando como una especie de cuadrado, el cual debe abarcar prácticamente la totalidad del área de trabajo. Este cuadrado representa el plano físico sobre el cual existimos, es decir: la tierra.

Ahora tome una cuerda larga que sea blanca o morada (elaborada preferiblemente en hilaza trenzada) y extiéndala en la parte exterior del círculo, utilizando las cuatro piedras o velas como guías. La *cuerda* puede ser ubicada de tal manera que las piedras permanezcan dentro del círculo. En este momento usted tiene un cuadrado y un círculo representando la realidad espiritual. Como tal, este es el círculo encuadrado —el sitio de interpenetración entre los campos físico y espiritual—.

El tamaño del círculo puede oscilar entre cinco y veinte pies (1.50/6 mts.), dependiendo de usted o del tamaño de la habitación.

El siguiente paso es levantar el altar. Se recomienda utilizar los siguientes implementos:

- Un símbolo de la diosa (puede ser una vela agujereada o una estatua).
- Un símbolo del dios (puede ser una vela, un cuerno, un capullo o una estatua).
- Un athame.
- Una varita mágica.
- Un incensario (así como incienso).

- Un pentáculo.
- Un recipiente con agua (puede ser de manantial,
  agua lluvia o de grifo).
- Un recipiente con sal (el cual también se puede
  colocar sobre el pentáculo).
- Flores y vegetales.
- Una vela roja en un candelabro (sino está utili-
  zando velas para demarcar los puntos cardinales).
- Otros instrumentos o materiales requeridos para
  el ritual, el hechizo o el trabajo de magia.

Construya el altar de acuerdo a su propio estilo y
gusto. Además, asegúrese de tener a la mano suficientes
fósforos. Se recomienda igualmente tener pedazos de car-
bón de leña para quemar el incienso (a menos que usted
esté utilizando palitos o conos de incienso).

Encienda las velas y el incienso. Levante el cuchillo
(athame) y lleve su hoja hacia el recipiente con agua.
Luego diga:

> Yo consagro y limpio esta agua
> que habrá de ser purificada y destinada
> para que permanezca dentro del sagrado cír-
> culo de piedras. En el nombre de la diosa
> madre y del dios padre, yo consagro esta agua.

(De manera intencional, durante este ritual, yo evito
especificar nombres tanto para la diosa como para el
dios —y lo hago a lo largo de todo el libro— con el fin
de que los estudiantes descubran por sí mismos con cual

forma de divinidad se sienten más confortables. De nuevo reitero que utilizar, aquí, nombres para las divinidades puede ser interpretado como una limitante. Algunos practicantes no los utilizan en lo absoluto).

Al hacer esto, visualice su athame eliminando toda la negatividad que pudiera existir dentro del agua.

Enseguida, toque la sal con la punta del cuchillo mientras que va diciendo:

Bendigo esta sal que habrá de ser destinada
para que permanezca dentro del
círculo sagrado de piedras.
En el nombre de la diosa madre y del dios
padre, yo bendigo esta sal.

(La sal se bendice, más no se purifica puesto que se considera como algo puro).

Ahora póngase de pie, mirando hacia el Norte, justamente sobre el borde de la cuerda que delimita el círculo. (Los practicantes en la actualidad convocan el poder personal a partir del interior de sus propios cuerpos, alistándolo así para que luego se proyecte durante la elaboración del círculo).

Mantenga su athame apuntando hacia fuera, a la altura de su cintura. Camine lentamente alrededor del círculo, en el sentido de las manecillas del reloj; sus pies deben estar precisamente junto a la parte interior de la cuerda, cargando el área de trabajo tanto con sus palabras como con su energía.

Utilizando el recurso de la visualización, elabore el círculo, viendo cómo fluye el poder desde la hoja de su cuchillo. A medida que va caminando extienda la energía hasta que consiga darle la forma completa de una esfera que rodee toda el área de trabajo —recuerde que la mitad de ella debe quedar por encima de la superficie del suelo y la otra mitad por debajo—. Mientras que hace esto, vaya diciendo:

Aquí está el límite del círculo de piedras.
Nada que sea diferente del amor entrará en él.
Nada que sea diferente del amor
emergerá de su interior.
Que este círculo sea cargado, O ancestros,
O ancestros, por intermedio de sus poderes.

("O ancestros" es una referencia poética que hace alusión tanto a la diosa como al dios. La última frase emplaza a la diosa y al dios para que carguen, o le concedan el poder, a través de su energía, al círculo y al ritual que se va a llevar a cabo posteriormente).

Cuando llegue al Norte, coloque el athame sobre el altar. Levante la sal y riéguela alrededor del círculo, empezando y terminando en el punto Norte y moviéndose en dirección de las manecillas del reloj. Luego lleve el incensario humeante desde el altar hasta donde está la vela roja encendida que señala el punto Sur. Finalmente riegue agua por todo el círculo. En éste momento sienta cómo cada una de estas sustancias van purificando el círculo.

Ahora el círculo de piedras se encuentra sellado (además, está limpio y purificado).

Sostenga la varita mágica en lo alto mientras está de pie en el punto Norte, al borde del círculo y diga:

> *O espíritu de la piedra del Norte,*
> *uno de los antiguos de la tierra,*
> *yo te invoco para que atiendas a este círculo.*
> *Que éste sea cargado, O ancestros,*
> *por intermedio de sus poderes.*

A medida que dice esto, visualice una neblina verdosa que va elevándose y retorciéndose en la parte Norte del cuadro, encima de la piedra. Esta es la energía elemental de la tierra. Cuando el espíritu (es decir, la energía elemental de la tierra asociada con el Norte. Esto no constituye la conjuración de un demonio, sino el emplazamiento de una energía natural) se presente, baje la varita mágica y llévela hacia el Oriente; elévela y diga otra vez:

> *O espíritu de la piedra del Oriente,*
> *uno de los antiguos del aire,*
> *yo te invoco para que atiendas a este círculo.*
> *Que éste sea cargado, O ancestros,*
> *por intermedio de sus poderes.*

Visualice la neblina amarillenta en forma de energía de aire. Baje la varita, llévela hacia el Sur y repita lo siguiente mientras que la mantiene en lo alto, visualizando una especie de neblina de fuego de color rojizo:

O espíritu de la piedra del Sur,
uno de los antiguos del fuego,
yo te invoco para que atiendas a este círculo.
Que éste sea cargado,
O ancestros, por intermedio de sus poderes.

Finalmente, llévela hacia el Occidente y diga mientras que sostiene en lo alto la varita mágica:

O espíritu de la piedra del Occidente,
uno de los antiguos del agua,
yo te invoco para que atiendas a este círculo.
Que éste sea cargado,
O ancestros, por intermedio de sus poderes.

Visualice la neblina azulosa, la esencia del agua (el elemento correspondiente). El círculo respira y está vivo a su alrededor. Los espíritus de las piedras están presentes. Sienta sus energías. Visualice el círculo resplandeciente y aumentando cada vez más el poder. Póngase de pie y siéntalo una vez más. El círculo de piedras está completo. Ya se pueden invocar a la diosa y al dios y ejecutar magia.

LIBERAR EL CÍRCULO

(Después de finalizar cada ritual de la Wicca, se acostumbra a liberar o a dispersar el círculo, con el fin de devolverle al lugar su normalidad habitual. He escuchado de algunas tradiciones que fallan en la ejecución de este proceso).

Una vez que haya finalizado el ritual, póngase de pie mirando hacia el Norte y, mientras que sostiene levantada la varita mágica, diga:

Adiós espíritu de la piedra del Norte.
Te doy mis agradecimientos
por haberte hecho presente aquí.
Vete por el camino del poder.

Repita esta misma fórmula, mirando hacia el Oriente, hacia el Sur y hacia el Occidente, sustituyendo únicamente la dirección a la cual se está refiriendo con sus palabras. Después de esto, regrese hasta el punto Norte y sostenga en lo alto la varita mágica durante algunos momentos.

Coloque la varita sobre el altar. Tome el athame. Póngase de pie en el punto Norte. Rompa la pared del círculo con el cuchillo, a la altura de la cintura. Vaya girando lentamente, alrededor del circulo, en el sentido de las manecillas del reloj, visualizando la forma en que su poder va siendo absorbido por el cuchillo. Literalmente, *hálelo* hacia la hoja y hacia el puño del athame. Sienta cómo el círculo se va disolviendo, se va encogiendo —sienta cómo el mundo exterior, poco a poco, empieza a recuperar su dominio sobre el área—.

Cuando usted llega de nuevo al punto Norte, el círculo ya no existe más.

Este es un ejemplo de la elaboración del círculo mágico. Aunque se ha escrito para que sea ejecutado por un practicante solitario, la mayor parte de estos círculos son elaborados para llevar a cabo trabajos colectivos; aún cuando sólo pueda estar involucrado un individuo en la real elaboración del círculo.

No sobra repetir que "los espíritus de las piedras", los cuales han sido mencionados en el ejemplo anterior, no son almas humanas descorporizadas —no son fantasmas, ni demonios ni, ánimas en pena—. Ellos son llamados según algunas tradiciones Wicca como "los señores de las torres de vigilancia" o "las reinas y reyes de los elementos". Estas son energías elementales que son invocadas durante el ritual con propósitos de protección o para que faciliten sus energías especiales. Esta es una práctica universal Wicca.

Los Wicca consideran al círculo mágico como el lugar más propicio para rendirles culto a la diosa y al dios; sin embargo, también se le ha asignado una segunda función: almacenar y concentrar grandes cantidades de energía mágica. No obstante ésta se considera como una función secundaria. El círculo no se constituye en algo estrictamente indispensable para poder llevar a cabo los trabajos de magia con resultados exitosos, ya sea en ejecuciones colectivas o de practicantes solitarios.

Así pues, el círculo (esfera) de energía se constituye en el templo de la Wicca.

CAPÍTULO 13

Días de poder:
Aquelarres y Esbatarios

*L*os cristianos celebran la Navidad, la pascua y una gran cantidad de días sagrados. Los judíos ortodoxos celebran el Hanukkah, la pascua judía o Passover y otras festividades con rituales y costumbres específicas. A través de las Américas llevamos árboles de pino a nuestras casas a finales de Diciembre; pintamos huevos de colores durante la primavera y les regalamos dulces a los niños el 31 de octubre. Todas las personas del mundo celebran días del año con ritos religiosos y seculares.

Todas las religiones tienen calendarios sagrados que contienen diferentes días de poder o fechas asociadas con divinidades. Los practicantes de la Wicca no son la excepción. La mayor parte de ellos ejecutan rituales religiosos por lo menos veintiuna veces al año: trece celebraciones de Luna llena son frecuentemente dedicadas a la diosa y ocho aquelarres o festivales solares se dedican al dios. Algunos practicantes se reúnen con otros miembros para celebrar estos rituales, mientras que otros prefieren ejecutarlos en forma individual. Primero vamos a referirnos a los rituales de Luna llena.

ESBATARIOS

La Luna llena es un símbolo antiguo de la diosa. Un incontable número de religiones la han reconocido con sus ritos y ceremonias. En esta época los practicantes se reúnen con frecuencia (si son miembros de un grupo o congregación) en las noches de Luna llena cada veintiocho días para celebrar sus cultos y rituales mágicos.

Esto no significa que *veneren* a la Luna. Ellos ven a la Luna como un símbolo de la diosa, no como si fuera su propio rostro.

La Luna también se considera como una mística fuente de energía. Debido a que la luz está relacionada con el poder y que la fuerza de la Luna tiene efectos comprobados sobre las mareas y sobre los ciclos, tanto de las mujeres como de los animales, los practicantes atraen la energía de la Luna durante los esbatarios para aumentar su poder durante las labores mágicas.

De esta forma, un esbatario (o como se conoce más comúnmente, un ritual de la Luna llena) es un rito que involucra la adoración por la diosa dentro de una labor mágica.

Para la Wicca, el tiempo de la Luna llena es un tiempo de santidad y de espiritualidad.

Normalmente los rituales ocurren en la noche. Cuando el círculo se forma, la diosa (y el dios) son invocados con palabras poéticas, música mística y danzas sagradas. Se puede continuar con una meditación o con una sesión síquica, después se llevan acabo los trabajos mágicos bajo la luz de la Luna.

Posteriormente, el grupo o el practicante solitario, con frecuencia bebe vino blanco o jugo de frutas y come tortas en forma de Luna creciente. Este es el esbatario —un tiempo de reverencia y de magia—.

El Aquelarre

Si tenemos en cuenta que los esbatarios están determinados por la Luna, los aquelarres o sabatarios están orientados en relación con las estaciones. Estos están directamente asociados con los viejos rituales europeos de cultivos y cosechas y de antiguas ceremonias de cacería, así como también con los solsticios y los equinoccios.

Los aquelarres son también conocidos como "días de poder" o "días supremos". Y aunque los rituales que se desarrollan de día, podría decirse que son escogidos preferiblemente como festividades solares, la mayoría de los aquelarres son ejecutados de noche.

Para la mayoría de las congregaciones de magia estos son tiempos para reunirse y trabajar con sus ritos; un tiempo en el cual se debe tener en cuenta el paso de las estaciones y los cambios en el funcionamiento dentro de la tierra, lo cual resulta especialmente importante para los habitantes de las ciudades. De nuevo, en Wicca no se adora al Sol pero si es un símbolo del dios.

En resumen, los aquelarres cuentan una historia del dios y de la diosa. En forma de festival, ellos revelan una leyenda Wicca relacionada con las estaciones y con la agricultura. Las tradiciones de los miembros de la Wicca varían bastante en sus mitos. Sin embargo, se puede hacer una generalización de los significados de los ocho aquelarres.

Muchos practicantes comienzan su año con el *Samhain* (octubre 31). En esa noche ellos veneran a sus seres queridos y amigos que han pasado a la otra vida. Aún cuando en Wicca se acepta la reencarnación, éste no es un festival de pena y dolor pero sí un reconocimiento del inevitable destino de la vida. Muchos de los miembros de la Wicca marcan la muerte simbólica de dios en esa noche. El Samhain está asociado con la llegada del invierno y con los antiguos rituales de cacería.

Esta fecha es reconocida en los Estados Unidos y en otros países de América como Halloween o "la víspera de todos los santos"; una noche en la cual los adultos y los niños se disfrazan y asisten a fiestas; los periódicos anuncian historietas relacionadas con las brujas, con maldiciones y fantasmas a lo largo y ancho de sus páginas. Estas son tradiciones populares de viejas costumbres europeas que fueron desarrolladas durante esa época del año. Los practicantes de Wicca, en términos generales, ignoran tales sucesos puesto que para ellos es una noche sagrada.

La fiesta de *Yule* (aproximadamente en diciembre 21; las fechas exactas de los solsticios y equinoccios cambian cada año) conmemora el renacimiento del dios por medio de la intervención de la diosa. Algunos podrían observar la fecha y pensar que es una parodia de la cristiandad. En realidad, esto es algo completamente diferente.

Los primeros eruditos de la Biblia trataron de establecer una fecha exacta para el nacimiento de Jesús. Al no obtener resultados decidieron adoptar el solsticio de invierno. Esta fecha fue cambiada a diciembre 25 de tal forma que no variaría año tras año. Yule fue, probablemente, escogido para este propósito porque es un antiguo día religioso pagano —se pensaba por ejemplo que Mithras ya había nacido para entonces—. Los antiguos cristianos se distinguieron por sobreponer su simbolismo religioso y su teología sobre las primeras religiones, como resultado de su intento por conseguir una conversión más rápida.

De esta forma la Wicca celebra Yule como la fecha del nacimiento del dios (simbólicamente representado a través del Sol). El solsticio de invierno conmemora lo más profundo del invierno. A partir de esa noche, los días se hacen más largos, hasta la mitad del verano.

Imbolc (febrero 1 ó 2) es la época en la cual los practicantes celebran la recuperación de la diosa después de dar a luz o crear al dios. Este es un festival de purificación y reverencia por la renovada fertilidad de la tierra. A veces se encienden hogueras.

Ostara (en las proximidades del 21 de marzo), el solsticio de primavera indica el primer día de la primavera. Es el tiempo en el cual se despierta la tierra (la diosa en su aspecto terrestre) y el calor y el poder del Sol aumentan.

Los rituales paganos de primavera, como pintar huevos de colores, han sobrevivido durante estos tiempos al ser transferidos hacia las celebraciones de pascua.

Abril 30 es conocido como la fiesta *Beltane*. Durante este festival, el joven dios se convierte en adulto. Él y la diosa (su madre y su amante al mismo tiempo) se unen y producen la magnificencia de la naturaleza.

¡De repente los dioses practican el incesto! —recuerde que este es el simbolismo de la naturaleza—. En el pensamiento Wicca, la diosa y el dios son una unidad; las mitades gemelas se convierten en una. Estas son reflexiones duales del poder del universo y que nunca pueden ser realmente separadas.

El día de mayo todavía se considera una época de flores, de árboles adornados con flores de mayo (que alguna vez fueron públicamente símbolos sexuales) y de cadenas de trébol, inclusive para aquellos que no practican la religión Wicca.

La *mitad de verano* (hacia el 21 de junio aproximadamente) es el momento en el cual los poderes de la naturaleza (creadas por la unión del Sol y de la tierra) están en el punto más efervescente. En esta fecha, los practicantes se reúnen para celebrar y practicar magia. Se encienden grandes fogatas en honor al Sol. Esta noche y su magia fueron veneradas en una de las representaciones teatrales de Shakespeare.

Lughnasadh. (Agosto 1) es el principio de la cosecha. El dios se debilita al recogerse los primeros granos y frutos. Lughnasadh es un ritual de acción de gracias. En efecto, el día festivo de acción de gracias en los Estados Unidos es una copia de las festividades paganas de la cosecha de Europa. Si los peregrinos hubieran plantado sus cosechas a tiempo, el día de acción de gracias se hubiera acercado más a la fecha en que se celebra Lughnasadth.

Mabon (hacia el 21 de septiembre) es la segunda cosecha. El dios se prepara para dejar su vida detrás de él cuando todas las frutas sean recogidas para alimentar a todas las personas sobre la tierra. El calor día a día va disminuyendo. Después del Mabon sigue el Samhain, de tal forma que el ciclo de rituales sea completado.

Recuerde que este es el más simple bosquejo de los aquelarres. Las tradiciones individuales poseen un amplio número de costumbres para todos los días. Los complejos rituales simbólicos son representados en honor al dios y a la diosa mientras que se reflejan en cada cambio de estación.

Los alimentos son también símbolos y, con frecuencia, son colocados sobre el altar, después son consumidos durante la comida sagrada, la cual algunas veces es conocida como "tortas y vinos".

El Samhain, el Yule y las demás fiestas son para los Wicca lo que la Navidad y la pascua es para los cristianos.

Los aquelarres y esbatarios pueden ser divididos en tres niveles. En el primer nivel se encuentran los períodos de cultos religiosos, en los cuales los practicantes se encuentran con la diosa y con el dios. Durante este período se renueva el contacto con las divinidades mediante rituales estructurados.

En el segundo nivel, estos días de poder son también tiempos específicos de trabajo con la magia para la ayuda al prójimo, la salud, la comodidad y la protección de sus amigos y seres queridos. Todo ello se realiza con la ayuda de las divinidades.

Finalmente podemos encontrar también dentro del grupo de las celebraciones, los tiempos para la risa, las conversaciones acerca del trabajo y los agasajos.

Estos rituales no son parodias de ceremonias sagradas de otras religiones. De hecho, los aquelarres tienen raíces en las expresiones más antiguas de la religión entre los seres humanos, las cuales preceden a la cristiandad por miles de años. Ellos están basados en rituales mucho más antiguos que aquellos ritos pertenecientes a cualquiera de las otras religiones.

CAPÍTULO 14

La magia de la Wicca

*E*n Wicca, al igual que los magos populares, se programa, libera y dirige el poder personal para manifestar los cambios necesarios. En otras palabras, ellos practican magia. Aunque la magia de la Wicca sigue los mismos fundamentos de la magia popular, las técnicas utilizadas pueden ser muy diferentes.

Los magos populares encienden velas, manipulan cristales de cuarzo o utilizan hierbas, aceites y otros utensilios para producir cambios mágicos. Las congregaciones de Wicca usualmente realizan ritos que tienen que ver con el aumento de la energía. Ellos utilizan muy pocos, o ningún elemento, salvo el más potente de todos —el cuerpo humano—.

La magia referida en este capítulo es principalmente aquella practicada por las congregaciones. Los practicantes solitarios pueden utilizar rituales similares o practicar magia popular mientras invocan a la diosa y al dios.

Los propósitos de la magia Wicca son con frecuencia similares a aquellos de la magia popular. La curación es quizás el objetivo más común. Sus propósitos pueden estar relacionados con el amor, con las finanzas, con el empleo, con la protección y con muchos otros aspectos.

La magia de la Wicca también puede abordar grandes problemas como la paz mundial. Muchas congregaciones comenzaron a trabajar con este propósito a finales de la década de los sesenta, cuando ellos "unían" sus fuerzas para enviar energía y detener la guerra de Vietnam.

Los practicantes también pueden trabajar con la magia para detener la explotación de la tierra, para conservar sus recursos naturales y para enviar energía de nuevo a nuestro planeta, con el propósito de mantener y mejorar su capacidad de continuar y de conservar la vida.

Los métodos de la Wicca para aumentar la energía eran considerados como secretos. Solamente se relevaban a los miembros de la congregación después de su iniciación. En la actualidad, muchos de ellos han sido ampliamente publicados.

La forma más común se manifiesta en la danza. La actividad física, como hemos visto, genera poder personal. Es fuente de vida energética. La contracción muscular produce el poder necesario en la magia.

Después de que los ritos religiosos hayan finalizado, la Sacerdotisa Superior, el Sacerdote Superior o algunos de los líderes del grupo hacen alusión al propósito del ritual mágico que será ejecutado por el grupo.

Durante las danzas los practicantes unen sus manos y se mueven en el sentido de las manecillas del reloj al rededor del altar, manteniendo la visualización de su objetivo o su representación. En la época cuando se juzgaba a las brujas, eran acusadas de realizar danzas inmorales. Este tipo de danza no es ejecutado.

Después de la danza, el ritual mágico se termina. Los participantes pueden sentirse exhaustos debido al gasto de energía. Sin embargo, pronto todos retornan a su estado normal gracias a la comida ingerida después del ritual.

Si un mago popular puede originar una cantidad suficiente de energía para efectuar cambios mágicos, entonces un grupo de personas trabajando con un mismo propósito, puede generar una extraordinaria cantidad de poder.

Los trabajos mágicos grupales, ya sean pertenecientes a la Wicca o no, pueden ser espectacularmente efectivos.

Tal vez debemos hablar un poco más del movimiento en sentido de las manecillas del reloj (*deosil*). En la Wicca, se piensa que este movimiento genera energía con cualidades positivas. A la inversa, el movimiento en sentido contrario a las manecillas del reloj atrae energía con cualidades negativas. Algunos dicen que se trata, simplemente, de un simbolismo, pero otras aseguran que es mucho más que eso.

El término "movimiento en sentido de las manecillas del reloj" no se refiere al movimiento del minutero o del segundero de un reloj moderno dial, sino a un viejo mecanismo de marcación de la hora.

Los relojes solares han sido utilizados por incontables milenios. Estos sistemas consisten en una base marcada con números colocados en los ángulos apropiados alrededor de su borde. Una delgada barra vertical es colocada en el centro del reloj. Cuando el Sol se mueve a través del cielo, la sombra del puntero se mueve en forma de arco, de izquierda a derecha, señalando la hora. En consecuencia, el movimiento en sentido de las manecillas del reloj se refiere al movimiento de esta sombra.

Ahora bien, si el Sol produce una sombra con esta forma y está relacionado con todo aquello que es bueno, brillante y estimulante de nuestro planeta; los movimientos en la dirección opuesta son su antítesis.

De esta forma, a través de los siglos, los movimientos en sentido opuesto a las manecillas del reloj han sido utilizados en labores mágicas negativas. A esto se le ha denominado "trayectoria en sentido izquierdo".

Esta es la razón por la cual los practicantes de Wicca bailan alrededor del altar en dirección del movimiento de las manecillas del reloj. Algunos miembros de la Wicca, al Sur de la línea del Ecuador —particularmente en Australia, la cual tiene una próspera población de practicantes— invierten estas direcciones. Ésta es, por su puesto, su prerrogativa.

En Wicca, la danza es una de las tantas formas; sin embargo, todas son muy similares. En una de ellas, el grupo se organiza en círculo alrededor del altar. Los miembros pueden permanecer inmóviles, cogidos de los brazos y cantar o hacer zumbidos mientras visualizan el objeto mágico e incrementan su energía personal.

Al igual que la danza, el líder determina el momento en que el poder está en su punto de concentración máximo e informará al grupo que es tiempo de liberar la energía.

Por otra parte, un símbolo que denote un propósito mágico puede ser marcado sobre un pedazo de papel o de madera y luego colocado sobre el altar. Los grupos se reúnen a su alrededor y elevan la energía personal a través de sus athames (cuchillos) proyectando la energía sobre el símbolo. Éste, será finalmente quemado o enterrado para que libere el poder con el propósito específico.

Otros grupos practican algunas variaciones a las anteriores. Sin importar cual escojan, las ceremonias mágicas son por lo general efectivas.

La magia popular, como hemos observado, es regida por un dictamen básico:

No *hacer daño a nadie.*

En Wicca, sus practicantes no llevan a cabo magia negativa. Ellos no destruyen matrimonios, ni obligan a las personas a enamorarse, ni tampoco hacen mal a los demás a través de sus rituales.

En la opinión popular, el poder de la magia parece ser comparado con la falta de moralidad. Esto es tan absurdo como pensar que poseer un cuchillo induce a su dueño a apuñalar a cualquier persona que ella o él se encuentren. En el mejor de los casos, el verdadero dominio del poder de la magia solamente ocurre dentro del individuo que está sujeto a la regla "si no haces mal a nadie, has lo que quieras".

La posibilidad de dar mal uso a las técnicas de la magia de la Wicca fue una de las razones fundamentales por las cuales estas técnicas permanecieron en secreto en el pasado. "No reveles los métodos mágicos a aquellos que no estén entrenados", decían algunos miembros de la religión Wicca. "Ellos podrían utilizarlos de una manera incorrecta". Esta lógica pudo existir alguna vez, pero en la actualidad ya no es válida. Las técnicas mágicas de la Wicca han sido publicadas ampliamente. Cualquier persona, con algo de dinero o con acceso a una biblioteca, puede leer la mayor parte de estos "secretos".

Estoy seguro de que existen muchos grupos que se autodenominan Wicca y que practican la magia negativa. Pero juzgar a la mayor parte de los miembros de esta religión, resulta tan alejado de la realidad como llamar a aquellas almas desafortunadas que han cometido crímenes "verdaderos católicos".

La magia de la Wicca se desarrolla con propósitos positivos. Está dirigida a hacer el bien a los miembros del grupo, a sus amistades, a sus familiares, a la tierra con todos sus habitantes. Éste es el aspecto positivo de la religión.

CAPÍTULO 15

NUDISMO, SEXO Y WICCA

*E*stos son de los tópicos delicados, así que entremos en materia. La desnudez no siempre conduce a la actividad sexual. Y, en efecto, desnudez no significa sexo (como ha sido comprobado durante siglos en el arte erótico asiático). Mientras que el sexo y el nudismo pueden ser, y de hecho lo son, complementarios entre sí, el hecho de quitarse la ropa no indica necesariamente preludio al sexo.

El estado de California, fue el primer estado en comandar la disputa legal que tenía como objetivo reconocer legalmente la libertad del uso de ropa en las playas de los Estados Unidos a principios de la década de los setenta. Los reportes de la policía muestran que el número de casos de actividad sexual en la impopular "playa negra" (antiguamente aceptada como un área de recreación nudista) fue mucho menor al número de casos en las otras playas convencionales. ¿Y esto qué significa?

Precisamente esto: que para las personas que se sienten cómodas con el nudismo social y para aquellos quienes no tienen complejos con respecto a la figura humana desnuda, el desnudismo es algo realmente social y no un estado sexual.

¿Qué significa esto para los miembros de la Wicca? Pues que este es el aspecto más atacado de la religión y de mayor uso en el ritual de la desnudez; es decir, de los rituales religiosos realizados sin ropa. Esto se constituye en la antítesis del hecho de utilizar el mejor vestido dominguero; una forma de liberarse del elaborado ritual del vestido que con frecuencia es utilizado en otras religiones.

Muchos miembros de la Wicca —quizás la mayoría— visten túnicas durante el ritual, inclusive algunos entran al círculo mágico con ropa de calle. Otros no utilizan nada. Estudios psicológicos alrededor de todo el mundo afirman que utilizar o no utilizar ropa es un hecho estrictamente cultural. Lo que una sociedad juzga como una cobertura decente del cuerpo humano, puede ser considerada indecente en otra sociedad.

La idea de practicar un ritual al desnudo no es exclusividad de la Wicca. Los amerindios, polinesios, los indios amazónicos, los europeos y ciertos grupos étnicos establecidos en los Estados Unidos y otras personas de diferentes culturas se han quitado la ropa para propósitos religiosos. En la India, durante la celebración del *saddhus* se permite caminar desnudo en las calles como símbolo de su santidad. Parece ser que nuestras mentes occidentales resultan demasiado cerradas en el momento de exponer nuestros propios cuerpos.

¿Cuál es la razón? Las antiguas culturas que antecedieron a la era cristiana, como las de Egipto, Grecia y Roma aceptaron el nudismo. Cuando el cristianismo apareció, los primeros líderes relacionaron el hecho de estar desnudo con características de antiguas religiones (paganas). De esta forma el desnudarse —inclusive cuando se baña— estaba íntimamente ligado con los enemigos de esta religión y fue rotundamente prohibido. Algunas veces, se llegó a no permitirse que las personas se desnudaran, aún en la privacidad de sus propias casas.

Cuando el nudismo desapareció como una práctica común en el Occidente, comenzaron a aparecer en las mentes populares ideas equivocadas con respecto a esta costumbre. El nudismo es sucio, obsceno y diabólico. El nudismo conlleva al sexo, y el sexo es malo. La falsa creencia de que el desnudismo es diabólico y de que inevitablemente conlleva al sexo, es el producto de mil quinientos años de beatería y es promovida por una nueva religión empeñada en borrar las huellas del paganismo.

Pero cualquier persona racional y sensata que haya visitado un campo nudista, o un lugar donde exista el uso opcional de ropa, podrá observar que el desnudismo pronto pierde su novedad. Cuando las personas se desnudan por otras razones diferentes al sexo, el cociente excitable ante tal estado se desvanece rápidamente.

Algunos practicantes afirman que todos los rituales en el pasado eran dirigidos sin ropa, lo cual es falso. Aunque existe un gran precedente del ritual y la desnudez, la mayor parte de Europa era demasiado fría como para realizar tales prácticas.

Algunos practicantes de Wicca realizan rituales nudistas porque lo aceptan como un estado natural del ser humano; una forma de estar más cerca de la diosa y del dios. Otros prefieren no hacerlo. Lejos de ser un requerimiento en la tradición, muchos de sus practicantes condenan con vehemencia esta práctica. El ritual es utilizado cuando está relacionado con propósitos específicos, no para la excitación sexual, idea que ronda frecuentemente dentro de la mente de los ajenos a estas prácticas. Cualquier mención de la palabra brujería usualmente trae a la mente la palabra orgía. Para muchos ignorantes, el sexo y la brujería están inexorablemente ligados. Como muchos de los mitos, esto es sencillamente falso.

Muy pocas tradiciones de la Wicca utilizan el sexo para propiedades místicas y mágicas o para alterar la conciencia. Pocos de estos ritos infrecuentes, son practicados en privado entre dos adultos consientes. El ritual del sexo nunca se realiza delante de otros miembros o de alguien más. Las orgías entre miembros del grupo no existen. La Wicca no es un club de desinhibidos. Los aquelarres y esbatarios no son utilizados para el sexo.

Aquellos miembros, que son una minoría, que utilizan el sexo no tienen excusas al respecto. Ellos aceptan la Wicca como una religión de fertilidad, y consideran que el sexo es un componente natural de sus ritos. Siglos de represión sexual cristiana, según ellos, son responsables del horror público hacia el rito sexual, como también del sexo en sí mismo en cualquiera de sus manifestaciones.

Los principios morales están dominados por la sociedad en que vivimos. Nuestra sociedad está dominada por la idea de que el sexo debe ser realizado solamente por parejas casadas o solamente para propósitos de procreación. En consecuencia, el sexo es considerado como algo pecaminoso, inclusive por las parejas casadas. En la mente del público, combinar sexo con religión es una abominación.

Lo que la mayoría de las personas no entiende es que hay elementos sexuales en cada religión, inclusive en el cristianismo. La Biblia está llena de pasajes con violaciones y ritos sexuales. La palabra "testamento" viene de una práctica muy común en los tiempos bíblicos, la cual consistía en que cuando un hombre hacía un juramento a otro, se cogía sus testículos. La mayoría de los aspectos sexuales de la cristiandad han sido encubiertos con tradiciones confusas o han sido convenientemente apartadas de las versiones autorizadas de la Biblia.

La Wicca no es una religión de sexo y la mayoría de sus miembros no integran el sexo en sus rituales.

Para la Wicca, los placeres y las maravillas del sexo son naturales y NO diabólicas. Ellos no piensan que el dios y la diosa crearon la sexualidad para probar a los humanos y de hecho no lo conciben como tal. Ellos consideran al sexo como una parte de la vida y es por ello que algunos miembros de la Wicca celebran este ritual.

La Wicca es una religión única y con muchas variaciones. El hecho de que el sexo (y el rito a la desnudez) jueguen un papel importante en algunos grupos y tradiciones de Wicca no significa que todos sus practicantes le den la misma importancia a este ritual.

Aquellos que lo practican lo ven como un acto de amor, de poder y de espiritualidad.

CAPÍTULO 16

Peligros y complicaciones

*T*odos los seres humanos deberían tener derecho a practicar cualquier religión que ellos o ellas deseen. Aunque las leyes que defienden la libertad de religión han sido promulgadas en muchas naciones, hay otros países que continúan persiguiendo a aquellas personas que tienen ciertas creencias religiosas.

La persecución religiosa ha estado presente con nosotros desde cuando ésta se inició. Las guerras aún existen debido (al menos en parte) a diferencias entre las diferentes doctrinas. Muchas personas se esconden detrás de la religión, utilizándola como una forma para agredir, practicar el racismo, el sexismo, el fanatismo, los prejuicios y, por su puesto, el asesinato. Lo que debería de ser considerado espiritualmente como una fuerza, que exalte y perfeccione, se ha convertido muchas veces en una fuerza pervertida y que se orienta a las necesidades personales.

La religión es utilizada como un arma en contra de las otras religiones.

En el capítulo 1 estudiamos las razones por las cuales muchas de las antiguas tradiciones paganas desaparecieron en Europa, así como también la conmoción que se suscitó entre las religiones ortodoxas cuando el ocultismo estaba despertando un marcado interés a finales de la década de los sesenta. Inclusive ahora, esta controversia aún permanece con resultados violentos. Como hemos visto, los practicantes de la Wicca no matan a seres humanos. Ellos tampoco mutilan o matan animales. No hacen pactos con Satanás. No evocan al demonio ni desean gobernar al mundo. Todo lo que desean es libertad para practicar su religión.

En muchos a la Wicca se les niega este derecho básico. Cuando los miembros de la Wicca son conocidos públicamente, con frecuencia, sufren consecuencias negativas. La razón de esto, por su puesto, es la ignorancia. Información sobre la Wicca es raramente presentada en la sección religiosa de los periódicos.

Ser un practicante de la Wicca en este mundo no resulta nada fácil. Los miembros de la Wicca han sido golpeados en las calles por vestir pentagramas. Han sido amenazados, atacados por los "cristianos" que acostumbran apedrear a los que ellos consideran impíos. Sus casas han sido quemadas, han perdido sus trabajos, sus hogares, sus esposos y esposas.

Los fundamentalistas interrumpen sus reuniones y son amenazados de muerte. En ocasiones, varios miembros de la Wicca han resultado asesinados.

CAPÍTULO 17

Un ritual Wicca

Debido a que los rituales se constituyen en la expresión externa de las religiones, es importante analizar la base de los rituales en Wicca. Los rituales en Wicca son variados. Diferentes tradiciones adhieren rituales específicos que están frecuentemente marcados por la rigidez. Otros pueden crear nuevos rituales para cada ocasión, e inclusive algunos grupos (o individuos) desarrollan ritos espontáneos —ya sea cantando, moviéndose, hablando cuando ellos sienten la necesidad de hacerlo o utilizando unos pocos objetos que simbolicen la ocasión—.

La mayoría de los rituales Wicca sigue los pasos señalados a continuación. Aunque hay muchas variaciones, las siguientes son sólo generalizaciones.

Antes del ritual, el celebrante debe bañarse para limpiar el cuerpo físico como también para purificar el cuerpo espiritual. De igual manera se purifica el área que va a ser utilizada, ya sea con incienso, con sal, o con algún otro elemento.

El ritual como tal empieza con la creación de un espacio sagrado —el círculo mágico—. A continuación, la diosa y el dios son invocados como testigos de los ritos. Este acto depende de las costumbres del grupo o de los individuos involucrados. La mayoría utiliza las palabras, otros los invocan, cantando, componiendo música y danzando. La forma no es importante. Lo importante es que las invocaciones sean exitosas y logren armonizar a los participantes con la diosa y con el dios.

Una vez hayan sido invocados, el mago empieza su trabajo. Si el encuentro es un aquelarre, tal como el que se describe a continuación, entonces se procede a desarrollar un ritual. Esto puede involucrar pasajes hablados, actos sagrados o demostraciones dramáticas de las características de la estación.

Si el ritual es un esbatario, entonces la invocación es hablada, cantada o entonada en honor a la diosa y su posición lunar. Una meditación puede ocurrir seguida por trabajos mágicos. El scrying (el acto de mirar fijamente a través de una esfera, de una pileta con agua o de unas velas) puede ser el paso a seguir. A los recién iniciados se les pueden enseñar las técnicas básicas de la Wicca.

A continuación se explica el ritual del aquelarre llamado "tradición mabon de las piedras paradas". Este ritual es celebrado en el equinoccio de otoño. La fecha exacta oscila entre el 19 y el 23 de septiembre de cada año. Esto simboliza la segunda cosecha, cuando el invierno está llegando y la fertilidad de la tierra disminuye con cada puesta del Sol.

El dios, reflejando la terminación de la temporada de cosecha, se prepara para la muerte.

Aquí se presenta el ritual en su totalidad, con comentarios en paréntesis donde sea necesario.

MABON

Decore el altar con bellotas, ramas de roble, conos de pino y ciprés, espigas de maíz, tallos de trigo, frutas y nueces. Coloque una cesta rústica y pequeña, llena de hojas secas de varias clases y colores (éstas representan la estación y la abundancia que la diosa y el dios han producido).

Arregle el altar; encienda las velas y el incensario y construya el Círculo de Piedras (capítulo 12).

EL CÁNTICO DE BENDICIÓN

Pueden los poderes de Aquel
el origen de toda creación.
Todo penetrante, omnipotente, eterno,
puede la diosa, la señora de la Luna
y el dios, guardián del Sol.
Pueden los poderes de los espíritus de las piedras, gobernantes del reino de los elementos;
pueden los poderes de la estrella arriba
y la tierra abajo, bendecir este lugar,
y este momento y a mí que estoy con ustedes.

(El "Aquel" mencionado en la línea primera es la máxima fuente de energía de donde la diosa y el dios fueron creados. Este es el poder del universo, la fuerza de la vida, la matriz cósmica. Normalmente, el cántico —el cual no es entonado realmente— se dice mientras se está de pie ante el altar). Invoque a la diosa y al dios:

INVOCACIÓN A LA DIOSA

Creciente de los cielos constelados,
florecimiento de la llanura fértil,
flujo de los murmullos del océano,
bendecida de la lluvia ligera,
escucha mi cántico entre las piedras verticales,
ábreme a tu luz mística,
despiértame a tus tonos plateados,
quédate conmigo en el rito sagrado.

INVOCACIÓN AL DIOS

Antiguo dios de las profundidades del bosque,
Señor de las bestias y del Sol,
aquí donde el mundo se calla y duerme
cuando el día se va.
Yo te llamo como en los viejos tiempos
aquí en mi círculo redondo, te pido escuches
mi oración y envíes tu fuerza solar.

(Estas son invocaciones sugeridas; se pueden emplear otras en el ritual). De pie frente al altar, y sosteniendo en lo alto las cestas, deje que las hojas caigan en forma de cascada al piso dentro del círculo. Diga estas palabras:

Caigan las hojas, los días se tornan fríos.
La diosa se coloca el manto de la tierra cuando
tu, gran dios Sol, navegas hacia el Oeste,
hacia las tierras del encanto eterno,
cubierto en la frescura de la noche.
Frutos maduros, semillas caídas,
las horas del día y de la noche se equilibran.
Vientos helados soplen desde el Norte
gimiendo en la extinción del poder de la
naturaleza. O bendita diosa, sé que la vida
continúa. No hay primavera sin la segunda
cosecha, no hay vida es sin la muerte.
Bendito eres, o dios caído, como tu viajas entre
las tierras de invierno y entre los brazos
amorosos de la diosa.

(El Oeste es simbólicamente la dirección de la muerte,
ya que allí mueren el Sol y la Luna cada día).
   Coloque la cesta en el piso y diga:

O diosa graciosa de la fertilidad,
yo he sembrado y cosechado los frutos de mis
actos, buenos y malos.
Concédeme el coraje para plantar las semillas
de la alegría y del amor en los años venideros,
desterrando la miseria y el odio,
Enséñame los secretos de una sabia
existencia en este planeta.
¡O aquel luminoso de la noche!

(Enseguida se realiza una meditación de la estación, durante la cual los creyentes contemplan el cambio de la tierra, así como también las maneras en que estos cambios se sienten dentro de ellos mismos. Esto puede durar un minuto o dos o un período más largo).

TRABAJOS DE MAGIA

(Si son necesarios. Muchos practicantes reservan los aquelarres para los actos religiosos y ejecutan actos de magia durante los esbatarios).

UNA COMIDA SENCILLA

Sostenga entre sus manos una copa de vino o de algún otro líquido, dirigida hacia el cielo y diga:

Diosa misericordiosa de la abundancia
bendice este vino e imprégnalo con tu amor.
En tus nombres, diosa–madre y dios–padre.
Yo bendigo este vino (o jugo etc.).

Sostenga un plato con tortas en forma de media Luna (pan o pasteles) con ambas manos y diga:

Poderoso dios de la cosecha,
bendice esta comida e imprégnala con tu amor.
En tus nombres diosa–madre y dios–padre,
yo bendigo esta comida (o este pan).

El círculo es disuelto.

LA TRADICIÓN MABON

Una práctica tradicional es caminar por la selva y los bosques recolectando semillas y plantas secas. Algunas de estas cosas pueden ser utilizadas para decorar el hogar y otras se pueden guardar para la magia herbal que se vaya a practicar en el futuro.

Las comidas de mabon consisten en alimentos recolectados en la segunda cosecha. Granos, frutas y hortalizas predominan, especialmente el maíz. El pan de maíz es la comida tradicional como también lo son el frijol y la calabaza horneada.

Éste ha sido un ejemplo de un tipo de ritual aquelarre. Aunque ha sido escrito para un practicante solitario, dos o más personas podrían fácilmente llevarlo a cabo dividiéndose las partes. Los rituales de grupo no se diferencian mucho de éste. En los trabajos de la congregación, durante la elaboración del círculo, cuatro individuos pueden llamar a los espíritus de las piedras (o vigilantes) a los cuatro puntos cardinales.

Las canastas de las hojas pueden ser giradas entre todos los miembros dentro de la congregación, de manera que cada practicante de la Wicca disperse unas cuantas de ellas durante la invocación. Las tortas en forma de media Luna pueden ser bendecidas por un hombre, en tanto que el vino puede bendecirse por una mujer.

Muchos de los libros registrados en la bibliografía contienen rituales de la Wicca, diseñados para la participación del grupo.

Considero importante recordar que tales rituales representan solamente la forma exterior de la Wicca. Es el proceso de trabajo dentro de la Wicca, la aceptación consciente de la diosa y el dios, la armonía con las estaciones y el flujo de la energía de la tierra a través del cuerpo humano lo que constituye la verdadera esencia de la Wicca.

Cualquiera podría decir estas palabras y ejecutar estas acciones y no sentir nada en absoluto. Como sucede en la magia, es la intención del practicante la que determina la afectividad del ritual religioso. Si una persona efectúa este o cualquier otro rito con el sentimiento apropiado, este puede ser y, de hecho será exitoso, al crear una unión entre los humanos, la tierra, la diosa y el dios.

No puedo imaginar como este ritual podría lastimar a alguien, ni puedo entender cómo el practicante de la Wicca podría ser interpretado como una amenaza para alguien o para cualquier organización.

En su esencia, la Wicca está en unión con todas las religiones.

TERCERA PARTE

RESUMEN

CAPÍTULO 18

TOMA DE CONCIENCIA

*H*ace unos pocos años un hombre escribió un libro acerca de las Runas. Su casa editorial lanzó el libro al mercado junto con pequeños bloques de cerámica grabados con las Runas. El libro fue introducido justo antes de la Navidad y tuvo un éxito más allá de cualquier expectativa.

Shirley MacLaine, una famosa actriz, escribió en su autobiografía lo que se constituiría en los Estados Unidos la doctrina de la reencarnación. Este libro, al igual que una miniserie de televisión, introdujo a millones de personas el concepto de canalización.

Los medios de comunicación discuten sobre las energías que yacen en los cristales. Los arquitectos y abogados revelan que ellos guardan grandes cristales de cuarzo en sus sitios de trabajo. La gente alrededor del mundo se reúne en "sitios de poder" y en "vórtices" para experimentar la convergencia armónica.

En los años 80, durante la presidencia de Ronald Reagan, se publicó un libro que revelaba que Nancy Reagan consultaba asuntos de estado a un astrólogo. La casa blanca y la elección del presidente Reagan fue visto a través de las estrellas. Por todos lados, las personas están investigando los poderes de la mente, de la tierra, de las piedras y de las hierbas. Muchos están indagando en los antepasados, buscando claves para desentrañar los misterios de nuestra existencia.

Las religiones ortodoxas están perdiendo terreno. Cientos de miles están expandiendo sus vidas y sus respectivas visiones sobre el mundo. Lo que ha sido llamado la Nueva Era, ha llegado. De alguna forma esto es un eco de alta tecnología del renacimiento que ocurrió en los Estados Unidos y en la Gran Bretaña desde 1966 hasta 1974. Muchos elementos y conceptos han sido impulsados por la Nueva Era —la canalización, los cristales, la reencarnación, las hierbas, el poder de las pirámides, la regresión a vidas pasadas, la meditación, el yoga y una gran cantidad de otros tantos—.

Algunas de éstas son espirituales, otras son psicológicas y otras son mágicas. Pero trate de llamar "bruja" o incluso "mago" a una persona de la Nueva Era y probablemente usted será ridiculizado y censurado por ser una persona de mente cerrada.

Sin embargo, la magia popular está viva en la Nueva Era. Aquellos que practican la curación por medio de cristales, utilizan formas antiguas de la magia popular. Los que queman inciensos o utilizan hierbas, también lo hacen. La energía de las pirámides utiliza artefactos construidos artificialmente para concentrar la energía de la tierra. Aunque las personas que trabajan con estos elementos no se autodenominan magos, ellos lo son.

Los practicantes de Wicca y los magos populares no aceptan necesariamente en la conciencia de la Nueva Era. Ellos existían mucho antes de que los medios de comunicación les prestara atención. Para otros, ellos seguirán siendo los mismos: enemigos de la religión "verdadera".

Para muchos, la Nueva Era es una pobre versión de los antiguos procesos espirituales y mágicos que utilizan elementos mecanizados de la era moderna. Muchos censuran el incremento de precios de piedras y hierbas debido al interés del público. A pesar de esto el entusiasmo ha animado a muchos materialistas a expandir sus horizontes espirituales e intelectuales. Las ideas de la Nueva Era han abierto nuevos caminos a las perspectivas que se llenan de maravillas y conocimientos ocultos y han volteado la atención de las personas lejos de sus computadoras y tecnología, hacia los misterios de la vida y de la tierra. En este sentido, la Nueva Era ha tenido un profundo impacto en las sociedades contemporáneas.

Los practicantes de la Wicca y los magos populares reciben el interés renovado en la espiritualidad y en la magia, en cualquiera de las formas en que ésta se manifiesta. Ellos también tienen la esperanza de que con la propagación de la conciencia de la Nueva Era, más gente entienda o al menos, tolere los sistemas espirituales y religiosos alternativos.

Pero, los creyentes de la Wicca están lejos de querer convertir a los demás. Ellos están de acuerdo con que las personas deberían encontrar paz en sus propias religiones. Para aquellos que no puedan adaptarse a otras tradiciones, espero que encuentren la combinación correcta de los elementos que permita reconocer que son más que carne, huesos y mente. Para algunos, esta búsqueda conduce al esplendor simple de la magia popular. Para otros, a la religión de la Wicca.

¿En qué clase de mundo vivirán los soberanos de la Nueva Era? ¿Qué encontrarán los magos populares y los practicantes de la Wicca en el nuevo siglo?

Con esperanza, ellos existirán en una sociedad espiritualmente integrada donde los practicantes de todas las religiones y caminos mágicos mantendrán su integridad. Un mundo donde ninguna religión busque dominar y destruir a otras en un intento vano de demostrar superioridad.

Es verdad, somos humanos, con todas las fallas que esto implica. Pero quizás en un futuro cercano, entenderemos que las prácticas espirituales y religiosas son importantes, en la medida en que ellas faciliten las relaciones entre los seres humanos y lo divino. Quizás este nuevo despertar guíe a las personas a la realidad espiritual del mundo físico. Quizás esto mejorará el deseo de preservar nuestro planeta, deteniendo el desarrollo ciego e insensato de cierta tecnología que amenaza la vida.

Si la Nueva Era logra parte de eso, habrá cumplido su misión.

CAPÍTULO 19

HACIA LA LUZ

El propósito en este libro es desmentir los mitos y supersticiones que giran alrededor de la práctica de la Wicca y de la magia, como también mostrar justamente lo que es la brujería. Esto no es un tratado religioso para convertir a los lectores —simplemente presenta la verdad de la magia popular y de la religión Wicca, con el propósito esperado de fomentar la tolerancia—.

Aunque la Wicca no es proselitista ni los magos populares buscan nuevos practicantes de las artes adivinatorias, muchas personas desean información adicional sobre estos temas. Si después de leer este libro usted desea profundizar en el tema, lea lo más que pueda. Lea cada libro que encuentre; los buenos y los malos trabajos. Lea con ojo crítico, evaluando a cada autor individualmente. Sea cuidadoso especialmente cuando lea libros que contengan numerosas citas bíblicas. Estos son escritos, ciertamente por personas no facultadas y están llenos de incontables imprecisiones e información incorrecta.

Wicca

Recuerde que pocos practicantes de la Wicca están de acuerdo unos con otros en relación con las prácticas rituales. Lo mismo se aplica a los autores de los libros que se refieren a la Wicca. Pocas tradiciones de la Wicca están en completo acuerdo con los métodos de otros, sencillamente porque los autores escriben sobre lo que ellos conocen mejor. Cada libro puede parecer que representa a la Wicca verdadera, aún cuando lo escrito sea totalmente diferente. Todos ellos son miembros de la misma religión, pero son todavía individuos. La Wicca es una religión personal.

Sin embargo para asegurarse de que lo que lee es real, tenga presente la información contenida en este libro. Si un autor escribe acerca de la adoración a Satanás, los sacrificios humanos, las iniciaciones forzadas, las orgías, los actos caníbales con niños y otras cosas desagradables, él o ella no son miembros de la Wicca y el libro es el resultado de una mente trastornada o enferma. Piensen en tales libros como trabajos de ficción o propaganda, porque eso es lo que son exactamente.

Usted decidirá si desea aprender más sobre este tema. Y si eso es así, trate de encontrar a un practicante de la religión Wicca en su región. Pocos practicantes anuncian o revelan sus direcciones públicamente, así que es difícil encontrar uno. Si usted es una persona decidida y quiere practicar la Wicca, entonces busque todas las guías que pueda encontrar.

Escriba a los autores de los libros de Wicca. Aunque muchas veces no obtendrá respuesta, vale la pena el tiempo y el esfuerzo. Sea cuidadoso, si contacta a alguien a través de medios extraños y le cuentan que usted pronto llegará a ser un satánico, que tiene que renunciar a su anterior religión y que tiene que pagar por la iniciación, o que tiene que drogarse para participar en las ceremonias; muy seguramente usted no está hablando con un miembro de ninguna congregación de Wicca ni con un practicante.

Si encuentra un miembro de la Wicca o una congregación que practica rituales nudistas y esto le molesta, simplemente rechácelos y busque otros. Actúe igualmente, si siente un choque severo de personalidad con algunos de los miembros de la Wicca que usted encuentra.

Si falla en sus intentos por encontrar a los practicantes de la Wicca, podrá empezar por practicar la religión usted mismo. Revise la bibliografía de libros que contengan los rituales totales o parciales y practique algunos ritos sencillos. Trabaje unificando todos los elementos. Marque los aquelarres y los esbatarios en su calendario y empiece por cumplir y considerarlos como fiestas de guardar, de la mejor manera que pueda.

MAGIA POPULAR

La mayoría de los libros sobre esta materia, excepto aquellos de investigaciones históricas, contienen información bastante precisa. Pero incluso en ellos aparece con bastante frecuencia rituales extraños.

Muchos libros de magia moderna contienen encantos destinados a manipular a otros o incluso para acabar con los enemigos. Tales libros son escritos para estimular las malas intensiones en los lectores. La motivación que los lleva a hacer esto es el dinero. Los autores que escriben palabras obscenas frecuentemente no han tenido ninguna o muy poca experiencia en el campo de la magia. Aún así, si un autor le dice paso a paso como controlar a otra persona sin medir las consecuencias, tenga presente el principio básico de la magia de no perjudicar a nadie.

Si desea practicar la magia popular, es fácil: lea alguno de los libros mencionados en la bibliografía y simplemente empiece a hacerlo. Usted no necesita ser un iniciado para empezar a utilizar los poderes de la naturaleza y de la energía contenida dentro de su propio cuerpo.

En resumen

Las brujas: la gente le dirá, son viejas feas quienes han vendido sus almas al demonio. Quienes trabajan para destruir la cristiandad, quienes acaban con sus niños y comen lagartijas al almuerzo. Adicionalmente se cree que las brujas pertenecen a una iglesia organizada dedicada a la adoración de Satanás. Muchos individuos todavía creen que tales personas excéntricas realmente existieron y todavía existen.

Hace quinientos años pudieron haber existido unas pocas mujeres que encajaban dentro de este modelo. A través de una mezcla de fantasías y de psicosis ellos llegaron a ser los personajes que la cristiandad ha inventado. Pero como hemos visto no eran brujas ni brujos.

Para resumir: hoy en día la brujería es considerada magia popular —un delicado, antiguo y constructivo uso de las fuerzas poco entendidas que afectan los cambios positivos—. Este término también incluye a la Wicca, una religión moderna enraizada en la reverencia del dios y de la diosa con un profundo respeto por la naturaleza. La magia y la reencarnación son aceptadas como parte de esta religión la cual comprende varias tradiciones.

La magia popular no es maldiciente, embrujante, explosiva o cualquier otra magia negativa ni se ejecuta con poderes derivados del mal o de Satanás.

La Wicca no es una burla, negación o perversión de la cristiandad. La Wicca no está para dominar al mundo, convertir a sus niños, quitarle su dinero o forzarlo a creer en lo que sus seguidores creen. La Wicca no es anticristiana, simplemente no es cristiana.

Las orgías y los asesinatos no forman parte de las prácticas de brujería. Estas ideas fueron difundidas por personas que no conocen los hechos o por quienes escogieron ignorar la verdad de sus fines. Los practicantes de la Wicca y los magos populares no desean ser temidos o convertidos; ellos sólo desean que los dejen tranquilos.

Es tiempo de que nosotros nos liberemos de los prejuicios y miremos los fines de la brujería: logros espirituales y una vida saludable, feliz y financieramente segura. ¿Qué hay de malo en esto? ¿Dónde están los terrores que han generado miles y miles de especulaciones y que aún hoy en día contribuyen a la violencia religiosa?

El horror sólo existe en las mentes de aquellos que no conocen la verdad y lo que carece de fundamento crea temor. Este temor es infundido por representantes de otras religiones quienes la utilizan para engrosar las filas de sus miembros.

La magia popular y la Wicca son formas de vida moderadas y amorosas, que son practicadas por cientos de miles de personas.

Esta es la verdad sobre la brujería, Wicca, hoy.

GLOSARIO

Akasha: El quinto elemento, el poder espiritual omnipresente que está interrelacionado con todo el universo. Es la energía exterior con la cual están formados los demás elementos.

Aquelarre: Es un festival de la Wicca. Véase Beltane, Imbolc, Lughnasadh, Mabon, Midsummer, Ostara, Samhain y Yule, para obtener mayor información.

Athame: Un cuchillo especial para ser utilizado en los rituales de la Wicca. Normalmente posee doble filo en su hoja y un puño negro. El athame se utiliza para darle una dirección específica al poder personal durante los trabajos que se ejecutan dentro de un ritual. Muy escasas veces (si es que llega a ocurrir) se utiliza para cortar cosas físicas. El término, de origen desconocido, tiene una gran cantidad de variantes en su forma de escritura entre los miembros de la Wicca, e inclusive una gran variedad de formas de pronunciación.

Beltane: Es un aquelarre Wicca que tiene lugar en abril 30 ó en mayo 1 (de acuerdo a la tradición). Beltane también es reconocida como la Víspera de mayo, Roodmas, la Noche de Walpurgis y Cethsamhain. Es la celebración de la unión simbólica o "matrimonio" de la diosa con el dios y está directamente vinculado con la aproximación de los meses del verano.

Bruja (o): En las épocas antiguas, era la palabra que designaba a un practicante de la magia popular precristiana, particularmente aquella relacionada con las hierbas, las piedras y los ríos. Practicante de la brujería. Más tarde, su significado fue alterado deliberadamente para designar a los seres dementes, peligrosos y sobrenaturales que practicaban la magia destructiva —los que constituían una amenaza contra el cristianismo—. Este cambio de significado se hizo con propósitos sexistas, políticos y económicos — no fue un cambio en las prácticas de los brujos—. Después de mucho tiempo, el significado erróneo todavía se sigue aceptando por muchas personas que no pertenecen a la Wicca. También se utiliza el término por parte de algunos practicantes de la Wicca para denominarse a sí mismos.

Brujería: Es el arte que practican los brujos —magia, especialmente la que utiliza el poder personal en asocio con las energías de objetos naturales como las piedras, los colores, las hierbas y otros (ver magia popular)—. Por el simple hecho de utilizar esta definición, la brujería no es considerada como una religión, sin embargo, algunos seguidores de la Wicca utilizan esta palabra para designar su práctica. Sí, es cierto, esto puede parecer confuso.

Cargar: Infundir poder personal sobre un objeto determinado. Consiste en un acto de magia.

Círculo de piedras: Ver **el círculo mágico**.

Conciencia ritual: Es un estado de conciencia específico y necesario para ejecutar exitosamente un acto de magia. El mago alcanza su nivel de conciencia ritual a través del uso de la visualización y del ritual mismo. Consiste en un acoplamiento entre la mente consciente con la mente psíquica; un estado en el cual el mago siente las energías, les da unos propósitos determinados y las libera en dirección del objetivo mágico. Es una intensificación de los sentidos. Una conciencia expandida del mundo no-físico; un vínculo con la naturaleza y con las fuerzas que existen detrás de cada una de las concepciones de divinidad.

Congregación: Grupo de practicantes de la Wicca. Usualmente se conforma para llevar a cabo las ceremonias de iniciación. Se reúnen alrededor de uno o dos líderes quienes los agrupan para desarrollar trabajos mágicos y religiosos.

Cuchillo de puño blanco: Es un cuchillo común y corriente que sirve para cortar, el cual tiene una hoja con filo y el puño blanco. Se utiliza en la Wicca para cortar hierbas y frutas, para rebanar el pan durante las comidas y para otras funciones —nunca para hacer sacrificios—. Algunas veces se le denomina bolline. Compárelo con el athame.

Deosil: Movimiento en el sentido de las manecillas del reloj, o la dirección que toma la sombra que produce el Sol mientras se va desplazando a través del cielo. En la magia del hemisferio Norte, el movimiento deosil se constituye como un símbolo de vida, de energías positivas, de bondad. Se utiliza ampliamente en diversos rituales y hechizos, por ejemplo: "camine en deosil alrededor del círculo de piedras". Algunos grupos de la Wicca del hemisferio Sur, muy especialmente en la región de Australia se han desviado del movimiento en deosil hacia el movimiento en widdershins durante sus rituales. Ver también widdershins.

Días de poder: Ver Aquelarre.

El arte: Ver Wicca, Brujería o Magia Popular.

El círculo mágico: Es una esfera construida a base de poder personal en la cual, normalmente, se desarrollan los rituales de la Wicca. El término se refiere exactamente al círculo que queda demarcado en el sitio preciso en que la esfera penetra en la tierra, puesto que la esfera se expande tanto hacia la parte de arriba como hacia la de debajo de la superficie del suelo. Se elabora mediante la visualización y la magia.

El libro de las sombras: Es un libro de rituales, hechizos y conocimientos populares relacionados con la Wicca. En la antigüedad era copiado a mano con propósitos de iniciación, mientras que hoy en día, se fotocopia o se reproduce en máquinas de impresión por parte de algunas congregaciones. No existe un único y verdadero libro de las sombras. Cada uno de ellos tiene su respectiva importancia para sus usuarios.

Esbatario: Un ritual de la Wicca que normalmente se desarrolla en época de Luna llena y que se dedica a la diosa, en relación con su aspecto lunar.

Evocación: Es un llamamiento de los espíritus o de otras entidades no-físicas, con el fin de que se evidencien ya sea en forma visible o invisible. Esta no es propiamente una práctica de la Wicca. Compárela con la invocación.

Hechizo: Es un ritual mágico, el cual normalmente no es de naturaleza religiosa y, con bastante frecuencia, se acompaña de unas expresiones verbales específicas.

Imbolc: Es un aquelarre Wicca. Se celebra en febrero 2 y también se conoce como Candlemas, Lupercalia, la Fiesta del Pan, la Fiesta de las Antorchas, la Fiesta de las Luces de Cera, Oimelc, el Día de Brigit y con muchos otros nombres. Imbolc es la celebración de las primeras manifestaciones de la primavera y la recuperación de la diosa después de haber dado a luz al Sol (el dios) en Yule.

Incensario: Recipiente a prueba de calor donde se deposita el incienso para ser quemado sin llama y con mucho humo. Quemador de incienso. Simboliza el elemento aire.

Invocación: Petición a la diosa o al dios para conseguir un poder. Una oración. En la actualidad, es un método para establecer lazos de conciencia con aquellos aspectos relacionados con la diosa y el dios que habitan en nuestro interior. En síntesis, aparentemente logramos hacer que aparezcan o, por lo menos, que se den a conocer a través de una manifestación consciente de sí mismos.

La adivinación: Es el arte mágico del descubrimiento de lo desconocido a través de la interpretación de patrones o símbolos aleatorios. Elementos tales como las nubes, las cartas del tarot, las llamas o el humo son utilizados con este propósito. La adivinación establece contacto con la mente psíquica a través de artificios ingeniosos o del adormecimiento de la mente consciente, por medio de los rituales o de la observación o manipulación de determinados utensilios. La adivinación no es necesaria para aquelloas que pueden establecer contacto con la mente psíquica, aunque de cualquier forma la pueden practicar.

La comida simple: Es una comida para rituales que se comparte con la diosa y con el dios.

La iniciación: Proceso mediante el cual un individuo es admitido al interior de un grupo determinado, ya sea por el hecho de compartir intereses, habilidades o religión. Con relativa frecuencia, se aplica a los candidatos que quieren entrar en la Wicca. Las iniciaciones se pueden hacer a manera de acontecimientos ceremoniales, aunque también se pueden realizar de un modo bastante espontáneo.

Labrys: Hacha de cabeza doble, la cual simbolizaba a la diosa en la antigua Creta. Puede ser utilizada en Wicca con ese mismo propósito. Las dos cabezas del hacha representan a la diosa en su aspecto lunar.

Los ancestros: Término utilizado en Wicca para abarcar la totalidad de los aspectos relacionados con la diosa y con el dios.

Los elementos: La tierra, el aire, el fuego y el agua. Estas cuatro esencias son los bloques edificadores del universo. Todas las cosas que existen (o aquellas que potencialmente podrían hacerlo) contienen una o más de estas energías. Los elementos están latentes en el interior de cada uno de nosotros, de la misma manera como lo están a todo lo largo y ancho del mundo. Se pueden utilizar para producir cambios a través de los actos de magia. Los cuatro elementos se formaron a partir de la esencia o poder primario: Akasha.

Los espíritus de las piedras: Son las energías elementales inherentes dentro de cada uno de los cuatro puntos cardinales de la tierra. Ellas se personifican en la tradición de las piedras paradas como los "espíritus de las piedras" y, en otras tradiciones de la Wicca, como los "vigilantes". Ellos están vinculados directamente con los elementos.

Lughnasadh: Es un aquelarre Wicca que se celebra el 1 de agosto. También se conoce como la Víspera de agosto, Lammas o la Fiesta del Pan. Lughnasadh marca el comienzo de la primera cosecha, la época en la cual se cortan y se almacenan los frutos de la tierra, con el fin de preservarlos durante los oscuros meses del invierno cuando, misteriosamente, el dios se debilita a medida que los días se van haciendo más cortos.

Mabon: Es un aquelarre Wicca que tiene lugar hacia el 21 de septiembre, en el equinoccio del otoño. Mabon es una fiesta que celebra la segunda cosecha, cuando la naturaleza se está preparando para el invierno. Esta fecha es un vestigio de los antiguos festivales de la cosecha, los cuales, de una u otra forma, estuvieron muy cerca de universalizarse y todavía se conserva en los Estados Unidos bajo la forma de la festividad del Día de Acción de Gracias.

Magia popular: Es la forma práctica de proyectar el poder personal, así como también las energías contenidas en el interior de algunos objetos naturales, tales como las hierbas y los cristales, con el fin de propiciar un cambio predeterminado y necesario.

Magia: Es la proyección de las energías naturales (tales como el poder personal) con el propósito de provocar unos cambios determinados. La energía está presente en el interior de todas las cosas: en nosotros mismos, en las plantas, en las piedras, en los colores, en los movimientos, en los sonidos, etc. La magia es el proceso mediante el cual se suscita esta energía, dándole un propósito específico, y luego ser liberada. La magia es una práctica natural no es sobrenatural pero no ha sido bien entendida.

Meditación: Reflexión, contemplación que gira en torno de sí misma, de la divinidad o de la naturaleza. Es un período de tiempo calmado durante el cual el practicante tiene la posibilidad de habitar ya sea dentro de sus propios pensamientos particulares, de simbolizarlos o de mantenerlos hasta que pueda hacer de esa práctica algo que pueda ejecutar de manera espontánea.

Mente consciente: Es la parte de nuestra mente que funciona mientras pensamos en nuestras finanzas, mientras analizamos hipótesis, mientras nos comunicamos o mientras desarrollamos otras actividades relacionadas con el mundo físico. Compárela con la mente psíquica.

Mente psíquica: Es el mismo subconsciente o mente inconsciente, en la cual recibimos las impresiones psíquicas. La mente psíquica es la que funciona mientras dormimos, soñamos y meditamos. Ella se constituye en nuestro vínculo directo para comunicarnos con la divinidad y con el mundo no-físico más grande que existe a nuestro alrededor. Se ha relacionado con otros términos tales como: la adivinación, que consiste en un proceso ritual que utiliza la mente consciente para establecer contacto con la mente psíquica; la intuición, que es un término utilizado para describir la información psíquica que se recibe inesperadamente en la mente consciente.

Mitad del verano: Conocida también como Midsummer. El solsticio de verano sucede hacia el 21 de junio aproximadamente. Es uno de los festivales de la Wicca y se ha constituido en una excelente noche para ejecutar actos de magia. La mitad del verano determina la época en la cual el Sol (el dios) está, simbólicamente, en el punto más alto de su poder. Es el día más largo del año.

Movimiento en sentido contrario del de las manecillas del reloj: Conocido también como Widdershins. Utilizado en el hemisferio Norte con el fin de desarrollar magia negativa, o para dispersar energías negativas o circunstancias tales como las enfermedades. En el hemisferio Sur, los practicantes de la Wicca pueden utilizar los movimientos widdershins para lograr objetivos totalmente contrarios, es decir, con fines positivos. En cualquier caso, los movimientos deosil y widdershins son simbólicos; tan solo se le consideran inflexibles en las mentes cerradas y tradicionalistas que creen que caminar accidentalmente hacia atrás alrededor del altar, por cualquier circunstancia, aumentará la negatividad. Sus usos en la Wicca son el resultado de rituales europeos antiguos, los cuales eran practicados por personas que observaban y adoraban al Sol y a la Luna en su diario girar. Los movimientos widdershins, dentro de contextos rituales, todavía son rechazados por la mayoría de los practicantes de la Wicca, aunque algunos los usan, por ejemplo, para dispersar el círculo mágico y al finalizar un ritual.

Ostara: Es una festividad que se celebra hacia el 21 de marzo aproximadamente, durante el equinoccio de la primavera. Ostara determina el punto de partida de la verdadera primavera astronómica, cuando la nieve y el hielo le abren paso a la verdosidad. De la misma manera, Ostara consiste en un aquelarre del fuego y de la fertilidad, con el cual se celebra el retorno del Sol (del dios) y de la fertilidad de la tierra (la diosa).

Pagano: Del latín paganus, que significa habitante del pueblo. En la actualidad se utiliza como un término genérico para referirse tanto a los practicantes de la Wicca como a los practicantes de otras religiones mágicas y politeístas. También se utiliza para hacer alusión a los sistemas mágicos y religiosos que existían antes de Cristo.

Pentáculo: Objeto utilizado en rituales (consiste en una pieza de forma circular, hecha de madera, de metal o de arcilla, sobre la cual se traza, se dibuja o se grava una estrella de cinco puntas —pentagrama—. Representa al elemento de la tierra. Las palabras "pentagrama" y "pentáculo" no se pueden intercambiar arbitrariamente, aunque, si se mal interpretan, pueden causar alguna confusión.

Pentagrama: Es la estrella básica entrelazada de cinco puntas, visualizada con una de las puntas señalando hacia arriba. El pentagrama representa los cinco sentidos, los elementos (tierra, aire, fuego, agua y Akasha), la mano y el cuerpo humano. Se le conoce como un símbolo de protección por haber sido utilizada con este fin, desde la época de la antigua Babilonia. En la actualidad es asociada frecuentemente con la Wicca. Constituye un símbolo de poder.

Poder personal: Es la energía que sostiene nuestros cuerpos. Tiene su origen en el interior de la diosa y del dios. Inicialmente, la absorbemos de nuestra madre biológica en su vientre, más tarde la tomamos de los alimentos, de la Luna, del Sol y otros objetos naturales. Luego la liberamos durante los movimientos, el ejercicio, en las relaciones sexuales, y en el parto. La magia es un desplazamiento del poder personal con dirección hacia un objetivo específico.

Psiquismo: Es el acto de considerarse psíquico, de una forma consciente, en el cual se unen la mente psíquica y la consciente para trabajar armónicamente. También se conoce con el nombre de despertar psíquico. La conciencia ritual es una forma de psiquismo.

Reencarnación: Es la doctrina que se refiere al hecho de volver a nacer. El proceso de las encarnaciones continuas y repetidas en forma humana con el fin de mantener la evolución del alma eterna. Constituye uno de los principios fundamentales y un dogma de la Wicca.

Ritual: Ceremonia. Una forma específica de movimiento. Una manipulación de elementos que ejercen gran influencia diseñados para producir unos efectos determinados. En la religión, el ritual está encaminado hacia el establecimiento de la unión con lo divino. En la magia, el ritual produce un estado específico de conciencia, que mantiene al mago en la intención de desplazar la energía hacia los objetivos que se pretenden alcanzar. Un hechizo es un ritual mágico.

Runas: Figuras en forma de palillos; algunas de ellas son restos de antiguos alfabetos teutónicos. Algunas otras son pictografías. Estos símbolos están siendo utilizados abiertamente tanto en la magia como en la adivinación.

Samhain: Es un aquelarre Wicca que se celebra el 31 de octubre; también se le conoce como la Víspera de noviembre,

Hallowmass, Halloween, la Fiesta de las Ánimas, la Fiesta de los Muertos o la Fiesta de las Manzanas. La fiesta de Samhain señala la muerte simbólica del dios Sol y su paso hacia la "tierra de la juventud", en la cual espera el renacimiento de la diosa madre en la fiesta de Yule.

Scry: Contemplar fijamente un objeto, ya sea por fuera o por dentro (una esfera de cristal de cuarzo, una superficie de agua, las reflexiones, la llama de una vela, etc.) con el fin de apaciguar la mente consciente. Esta práctica permite que la persona tome conciencia de los acontecimientos anteriores a su actual ocurrencia así como percibir situaciones pasadas o presentes a través de otras formas diferentes de los cinco sentidos. Constituye una forma de adivinación.

Talismán: Es un objeto cargado con poder personal, con el fin de atraer una fuerza o una energía específica hacia la persona que lo lleve puesto.

Tradición Wicca: Es un subgrupo de la religión Wicca, bien organizado y estructurado, el cual, normalmente, mantiene la práctica de la iniciación y, con frecuencia, la desarrollan a través de un ritual determinado. Muchas tradiciones tienen sus propios "libros de sombras" y, usualmente, reconocen a los miembros de otras tradiciones como practicantes de la Wicca. La mayor parte de ellas están compuestas por un número determinado de congregaciones, así como también pueden incluir practicantes solitarios.

Visualización: Es el proceso de elaborar imágenes mentales. La visualización mágica consiste en crear las imágenes de objetivos específicos durante el tiempo que se desarrolle el ritual. También se utiliza para dirigir poder personal y energías naturales hacia diferentes tipos de propósitos mientras que se ejecuta la magia, incluyendo el hecho de cargar con energía y crear el círculo mágico. Esta función la realiza la mente consciente.

Wicca: Es una religión pagana contemporánea, con raíces espirituales en las más antiguas expresiones de reverencia hacia la naturaleza. Algunas de las principales características que la identifican son las siguientes: reverencia hacia la diosa y hacia el dios, aceptación de la reencarnación y de la magia, observación ritual de los fenómenos astronómicos y relacionados con la agricultura y, la elaboración y uso de los templos esféricos con propósitos rituales.

Yule: Es un aquelarre Wicca que se celebra aproximadamente hacia el 21 de diciembre, señalando el renacimiento del dios desde la diosa. Constituye una época de regocijo y de celebración en medio de las tristezas del invierno. Yule tiene lugar en pleno solsticio de invierno.

BIBLIOGRAFÍA

$\mathcal{S}$e han escrito muchos libros sobre la Wicca y sobre la magia popular. Muchos son buenos, pero la mayoría no lo son. Esta bibliografía incluye libros recopilados por secciones de acuerdo a sus principales aspectos de interés, y he agregado unas breves notas con el fin de describir, en términos generales su contenido.

Tenga en cuenta que por el hecho de que un libro esté incluido en esta lista, no significa que yo, que los practicantes de la Wicca o que los magos populares estamos de acuerdo con su contenido. Recuerde, lea selectivamente.

Aunque muchos de estos libros actualmente no están en circulación, todavía se pueden encontrar en tiendas de libros usados y en algunas librerías. Algunos de ellos están siendo reimpresos o traducidos al idioma español.

MAGIA POPULAR

Bowman, Catherine. *Crystal Awareness*. St. Paul: Llewellyn Publications, 1987.
Es un manual Nueva Era acerca de la magia de los cristales.

Buckland, Raymond. *Practical Color Magick*. St. Paul: Llewellyn Publications, 1983.
Se trata de magia popular y color.

Buckland, Raymond. *Practical Candle Burning*. St. Paul: Llewellyn Publications, 1971.
Un libro sobre la magia de las velas, el cual se ha convertido en una de las guías más populares. Traducido al español: *Rituales prácicos con velas*.

Burland, C. A. *The Magical Arts: A Short History*. New York: Horizon Press, 1966.
Es un relato sobre la magia popular y ceremonial de Gran Bretaña y de Europa. Está complementado con fotografías.

Chappel, Helen. *The Waxing Moon: A Gentle Guide To Magic*. New York: Links, 1974.
Es un exquisito libro sobre las hierbas, las piedras y otros elementos de la magia popular. Un capítulo describe a la Wicca. Ignore las referencias relacionadas con el satanismo.

Devine, M. V. *Brujería: A Study Of Mexican–American Folk Magic*. St. Paul: Llewellyn Publications, 1982.
Magia contemporánea popular y religiosa de Méjico y de Norteamérica. Describe una forma ecléctica de la Wicca, bien mezclada con magia mejicana antigua y catolicismo.

González–Wippler, Migene. *The Complete Book Of Spells, Cermonies And Magic*. New York: Crown, 1977.

Reprint. St. Paul: Llewellyn Publications, 1988.
Visión general de las artes mágicas; este libro contiene
una gran riqueza de hechizos tradicionales, así como también una mirada a las ceremonias y técnicas de la magia
ceremonial. Se constituye en un libro de consulta para
todas las formas de magia. Contiene muchas fotografías e
ilustraciones. Publicado en español por la misma editorial: *Libro completo de magia, hechizos y ceremonias.*

Malbrought, Ray T. *Chams, Spells And Formulas For The
Making And Use Of Gris-Gris, Herb Candles, Doll
Magick, Incenses, Oils And Powders*. St. Paul: Llewellyn
Publications, 1986.
Magia popular de Cajun. El título lo dice todo. Disponi-
ble en español: H*echizos y conjuros*.

Mickaharic, Draja. *Spiritual Cleansing: A Hand Book Of
Psychic Protection*. York Beach, Maine: Weiser, 1982.
Técnicas mágicas populares para la purificación y la pro-
tección recopiladas alrededor del mundo.

Valiente, Doreen. *Natural Magic*. New York: St. Martin's
Press, 1975.
Magia de las hierbas, de las piedras y otra información
interesante.

Weinstein, Marion. *Positive Magic: Occult Self–Help*. New
York: Pocket Books, 1978.
Se considera como un clásico; es una guía minuciosa
sobre magia popular. Contiene un capítulo detallado
sobre la Wicca. Se ha publicado una versión ampliada.

Worth, Valerie. *The Crone's Book Of Words*. St. Paul:
Llewellyn Publications, 1971, 1986.

Es una colección encantadora de hechizos poéticos mágicos originales y poco comunes.

MAGIA CEREMONIAL

Agrippa, Henry Cornelius. *The Philosophy Of Natural Magic.* Antwerp, 1531. Reprint. Chicago: De Laurence, 1919. Reprint. Secaucus: 1974.
La obra contiene el primer volumen de Agrippa's Three Books Of Occult Philosophy. Posteriormente se le incluyeron apartes que resultan bastante curiosos.

Agrippa, Henry Cornelius. *Three Books Of Occult Philosophy.* 1533. Reprint. Primera traducción al inglés publicada en Londres en 1651. London: Chtonios Books, 1986.
Esta es la primera publicación del trabajo mágico completo de Agrippa en más de trescientos años. Contiene gran parte de la sabiduría popular de su tiempo —particularmente lo relacionado con plantas, animales, piedras, los planetas y los elementos—. Lo he incluido en esta sección porque contiene mucha información tanto de la magia ceremonial como de la popular.

Barrat, Francis. *The Magus: A Complete System Of Occult Philosophy.* 1801. New Hyde Park: 1967.
Este libro extrae lo más significativo del material mágico que se haya publicado, de una u otra forma, hasta 1800.

Junius, Manfred M. *Practical Book Of Plant Alchemy.* New York: Inner Traditions International, 1985.
Es un vistazo al "trabajo menor" de la alquimia de laboratorio, entendida como un arte mágico.

Kraig, Donald. *Modern Magick*. St. Paul: Llewellyn Publications, 1988.
Es un curso práctico para los estudiantes que deseen aprender el arte de la magia ceremonial.

Mathers, S. L. MacGregor, editor. y traductor. *The Key Of Salomon The King*. New York: Weiser, 1972.
Es una versión del editor acerca de un texto mágico clásico. Es la agrupación pieza por pieza de varias copias de manuscritos.

Regardie, Israel. *The Golden Dawn*. St. Paul: Llewellyn Publications, 1971.
Es un manual clásico que muestra detalladamente los trabajos mágicos colectivos.

Shah, Sayed Idries. *The Secret Lore Of Magic*. New York: Citadel, 1970.
Son extracciones de diversos textos mágicos.

Shah, Sirdal Ikbal Ali. *Occultism: Its Theory and Practice*. New York: Castle Books, n.d.
Más selecciones de textos mágicos antiguos.

Thompson, C. J. S. *The Mysteries And Secrets Of Magic*. New York: The Olympia Press, 1972.
Este fascinante trabajo contiene selecciones de textos mágico exóticos e inéditos.

MITOLOGÍA, FOLCLORE Y LA DIOSA

Bord, Janet and Colin. *Earth Rites: Fertility Practices In Pre-Industrial England*. Salem Acad, 1983.

La supervivencia de las costumbres paganas en la era post–cristiana. Una mirada fascinante hacia el pasado.

Cirlot, J. E. *A Dictionary Of Symbols*. New York: Philosophical Library, 1962.
Antiguo simbolismo mágico y religioso.

Dexter, T. F. G. *Fire Worship In Britain*. New York: Mac-Millan, 1931.
Aquí se exploran las costumbres paganas que existían en relación con los solsticios, los equinoccios y con otros días festivos en la Bretaña antes de la Segunda Guerra Mundial.

Downing, Christine. *The Goddess: Mythological Images Of The Feminine*. New York: Crossroad, 1984.
Uno de los primeros textos relacionados con la diosa.

Frazer, Sir James. *The Golden Bough*. New York: MacMillan, 1956.
Estudio clásico de los rituales y de las religiones de todo el mundo. La información es confiable, pero algunas conclusiones personales del señor Frazer no lo son tanto.

Graves, Robert. *The White Goddess*. New York: Farrar, Straus and Giroux, 1973.
Una mirada poética a la diosa. Se considera como un clásico por parte de muchos practicantes modernos de la Wicca. Ha ejercido una notable influencia.

Harding, Esther. *Women's Mysteries: Ancient And Modern*. New York: Pantheon, 1955.
Mujeres y espiritualidad.

Harley, Timothy. *Moon Lore*. Tokyo: Charles E. Tuttle Co., 1970.
Mitología y leyenda acerca de la Luna.

Leach, Maria, and Jerome Fried, editores. *Funk And Wagnalls Standard Dictionary Of Folklore, Mythology And Legend*. New York: Funk And Wagnalls, 1972.
Colección monumental de información sobre los mitos y rituales. Miles de artículos sobre temas tales como las plantas, los cristales, las diosas y los dioses.

Newmann, Erich. *The Great Mother: An Analysis Of The Archetype*. Princeton: Princeton University Press, 1974.
Una investigación minuciosa acerca de diversos aspectos de la diosa, realizada por un Jungian.

Stone, Merlin. *When God Was A Woman*. New York: Dial Press, 1976.
Una visión feminista a la espiritualidad en el pasado.

Walker, Barbara. *The Women's Encyclopedia Of Myths And Mysteries*. San Francisco: Harper & Row, 1983.
Enciclopedia de religiones antiguas y de adoración a la diosa.

WICCA CONTEMPORÁNEA

Adler, Margot. *Drawing Down The Moon: Witches, Druids, Goddess–Worshippers And Other Pagans In America Today*. New York: Viking, 1979.
Una visión informativa de la Wicca y del paganismo. Se ha publicado una versión actualizada. Fotografías.

Buckland, Raymond. *Witchcraft From The Inside*. St. Paul: Llewellyn Publications, 1971.
Uno de los libros norteamericanos más antiguos de los que se refieren a la Wicca. Es una explicación de la tan famosa Wicca "gardneriana". Contiene fotografías.

Buckland, Raymond. *Witchcraft...The Religion*. Bay Shore, New York: The Buckland Museum Of Witchcraft and Magic, 1966.
Es un antiguo panfleto que describe las características de la Wicca Gardneriana.

Deutch, Richard. *The Ecstatic Mother: Portrait Of Maxine Sanders–Witch Queen*. London: Bachman & Turner, 1977.
Es un retrato escrito de Maxine Sanders (ver Sanders Maxine más adelante) realizado por un autor practicante de la Wicca. Contiene fotografías.

Gardner, Gerald. *The Meaning Of Witchcraft*. London: Aquarian Press, 1959, 1971.
Es la mirada de Gerald Gardner acerca de los orígenes de la Wicca. Contiene fotografías.

Gardner, Gerald. *Witchcraft Today*. London: Rider, 1954. New York: Citadel, 1955.
Este fue el primer libro escrito por un brujo (léase practicante de la Wicca). Es de inmensa importancia. El autor describe diversos aspectos de la Wicca Gardneriana — tantos como le fue posible hacerlo en su tiempo—, incluyendo temas como los elementos, los utensilios, los rituales nudistas, la magia, el círculo mágico y muchos otros. Está complementado con fotografías. Recuerde

que este libro describe a la Wicca exclusivamente desde el punto de vista de Gardner.

Glass, Justine. *Witchcraft: The Sixth Sense And Us*. North Hollywood: Wilshire, 1965.
Es una visión primaria acerca del simbolismo y de la sabiduría popular sobre varias tradiciones de la Wicca británica (la más notable de todas: the regency). También explora los fenómenos psíquicos. Contiene fotografías.

Johns, June. *King Of The Witches: The World Of Alex Sanders*. New York: Coward McCann, 1969.
Una biografía mitológica del fundador de la Wicca Alejandrina, alguna vez una de las tradiciones más importantes de la Wicca. Contiene fotografías.

Leek, Sybil. *The Complete Art Of Witchcraft*. New York: World Publishing, 1971.
Este libro, escrito por uno de los brujos más famosos de la década pasada, describe un sistema ecléctico de la Wicca no tradicional. Contiene fotografías.

Leek, Sybil. *Diary Of A Witch*. New York: Prentice–Hall, 1968.
Libro que introdujo a los brujos y a la Wicca, en los Estados Unidos, cuando se convirtió en el mejor vendido en las postrimerías de la década de los sesenta. Es una autobiografía de un brujo británico.

Martello, Leo. L. *Witchcraft: The Old Religion*. Secaucus: University Books, 1973.
Mirada poco convencional de la Wicca, con énfasis particular en la sabiduría popular de la brujería italiana.

Roberts, Susan. *Witches U.S.A.* New York: Dell, 1971. Reimpreso. Hollywood: Phonix House, 1974.
Este libro, uno de los primeros estudios acerca del escenario de la Wicca que apareció a comienzos de la década de los años setenta, causó bastante conmoción entre los practicantes de la Wicca al ser publicado por segunda vez. Sin embargo, se erige como una exquisita visión (aunque contiene mucho dato histórico) acerca de la Wicca. Por otra parte, no contiene más imprecisiones que las que pueda tener cualquier otro libro de su clase.

Sanders, Maxine. *Maxine The Witch Queen.* London: Star Books, 1976.
Otra autobiografía de un practicante de Wicca, esta vez escrita por la mujer quien con su esposo (en esa época) Alex Sanders, comenzaron el movimiento de la Wicca Alejandrina. Incluye muchas historias de sus actividades con Alex. Contiene fotografías.

Valiente, Doreen. *An ABC Of Witchcraft Past And Present.* New York: St. Martin's Press, 1973.
Una enciclopedia sobre sabiduría popular acerca de la Wicca Gardneriana, y especialmente sobre el folclore británico. Bastante útil y entretenido para leer.

Valiente, Doreen. *Where Witchcraft Lives.* London: Aquarian Press, 1962.
Este libro fue escrito por la autora antes de darse a conocer como una bruja. Está lleno de folclore Sussex, así como también de historias de rituales de la Wicca y de apartes sobre magia popular.

Libros prácticos de Wicca:
Manuales para llevar a cabo rituales

Buckland, Raymond. *The Tree: The Complete Book Of Saxon Witchcraft.* New York: Weiser, 1974.
Es la primera tradición moderna de la Wicca que ha sido escrita para ser publicada en su totalidad. Es útil para aquellos que estudian la religión. Fue escrita después de que Buckland se separó de la tradición Gardneriana.

Buckland, Raymond. *Buckland's Complete Book Of Witchcraft.* St. Paul: Llewellyn Publications, 1986.
Es un libro de trabajo único, que contiene quince "lecciones" y que se constituye en un curso de estudio dentro de la Wicca. Aunque esboza diversas tradiciones, se centra especialmente en la tradición Seax (Saxon) de la Wicca. A través de todo el método Buckland también se abordan tópicos tales como la meditación, los rituales de pasaje, la adivinación, el herbalismo, las runas y la salud. La lección número quince es dedicada para los practicantes solitarios. Disponible en español: *Wicca; prácticas y principios de la brujería.*

Budapest, Z. *The Feminist Book Of Light And Shadows.* Venice, California: Luna Publications, 1976.
Es un libro de rituales feministas, el cual ha influenciado notablemente y ha dado origen a numerosas tradiciones nuevas de la Wicca. También se ha publicado una versión revisada de este libro y un segundo volumen del mismo, bajo los nombres The Holy Book Of Women's Mysteries. Volúmenes uno y dos.

Crowther, Patricia. *Lid Off The Cauldron: A Handbook For Witches*. London: Frederick Mueller, 1981.
Escrito por una de las iniciadas de Gerald Gardner. Instrucciones sobre el círculo mágico, los aquelarres, el simbolismo, los implementos y los "llamados" (o sónicos) y además un capítulo sobre Gerald Brosseau Gardner.

Farrar, Janet And Stewart. *Eight Sabbats For Witches*. London: Robert Hale, 1981.
Estos practicantes de la Wicca, quienes una vez fueron alejandrinos, ofrecen sus propios aquelarres basados en los gardnerianos, con una técnica para la elaboración del círculo mágico para el renacimiento, el matrimonio y con los rituales relacionados con la muerte. Profundamente influenciados por costumbres irlandesas. Incluye información sobre Doreen Valiente relacionada con las fuentes del sistema ritual de Gerald Gardner. Contiene fotografías.

Farrar, Janet And Stewart. *The Witches' Way*. London: Robert Hale, 1985.
Más revelaciones, por cortesía de Doreen Valiente, relacionadas con los rituales de la Wicca Gardneriana. Extractos de rituales que en alguna época fueron secretos. También muchos de los rituales propios de los autores. Contiene fotografías.

Farrar, Stewart. *What Witches Do*. New York: Coward, Mccann And Geoghegan, 1971.
Primer libro que revela los rituales de la Wicca. Resume una gran parte de la filosofía y de las prácticas de la Wicca Alejandrina. Sistema está basado en las prácticas gardnerianas. Fotografías.

Fitch, Ed. *Magical Rites From The Crystal Well*. St. Paul: Llewellyn Publications, 1984.
Recopilación de rituales paganos escrita por Fitch para una revista que ya no circula, la cual ejercía una gran influencia sobre la Wicca de hace unos años.

K., Amber. *How To Organize A Coven Or Magical Study Group*. Madison Wisconsin: Circle Pubications, 1983.
Guía muy inteligente para hacer exactamente eso: organizar una congregación o un grupo de estudio mágico.

Lady Sheba. *The Book Of Shadows*. St. Paul: Llewellyn Publications, 1971.
Este libro tan argumentado es uno (no el único) de los que se refieren a los rituales. De nuevo, basado en la tradición Gardneriana de la Wicca.

Lady Sheba. *The Grimoire Of Lady Sheba*. St. Paul: Llewellyn Publications, 1974.
Hechizos, recetas con hierbas y otras revelaciones de la Wicca tradicional Gardneriana expandida por todas partes.

Slater, Herman, editor. *A Book Of Pagan Rituals*. New York: Samuel Weiser, 1978.
Rituales del Método Pagano, una antigua organización pagana (casi como la Wicca). Rituales para desarrollar en los aquelarres, información mágica y cosas por el estilo.

Starhawk. *The Spiral Dance: A Rebirth Of The Ancient Religion Of The Great Goddess*. San Francisco: Harper & Row, 1979.
Uno de los libros de mayor influencia acerca de la Wicca. Este libro feminista y no–tradicional, contiene numerosos

rituales y finos ejercicios diseñados para fortalecer las
habilidades mágicas, así como también para sintonizar la
conciencia espiritual.

Stein, Diane. *The Women's Spirituality Book*. St. Paul:
Llewellyn Publications, 1987.
Libro de consulta sobre la espiritualidad de las mujeres;
incluye filosofía, tradiciones de la diosa y aquelarres.
También contiene diversos aspectos relacionados con la
magia popular tales como salud y cristales.

Valiente, Doreen. *Witchcraft For Tomorrow*. London:
Robert Hale, 1978.
Otro libro escrito por Doreen Valiente, esta vez dedicado
especialmente para que los que no estén oficialmente iniciados continúen con la práctica de la Wicca. En los primeros once capítulos, ella abarca todo lo relacionado con
la antigua mitología británica para ejecutar la magia del
sexo. La segunda parte contiene un sistema ritual de la
Wicca que fue escrito exclusivamente para ser publicado
en este libro. Tan solo carece de rituales en aquelarres.
Contiene fotografías.

Weinstein, Marion. *Earth Magic: A Dianic Book Of Shadows*. New York: Earth Magic Productions, 1980.
Una guía única que despierta el interés y la curiosidad
por la práctica de la Wicca. También se ha publicado una
versión ampliada.